NO WORRIES

Backpacking für Einsteiger

von Patrick Hundt

Umschlaggestaltung: Marius Dorian

ISBN: 1499135920
ISBN-13: 978-1499135923

Stimmen zum Buch

»Ideal für Reisende, die gerne geplant an eine Reise herangehen möchten. Leicht verständlich, ehrlich und mit einem hohen Informationswert geschrieben.« (Skyscanner.de)

»Nach der Lektüre von „No Worries" scheint keine der vorher so bedrohlichen Probleme mehr unlösbar.« (Hostelworld.com)

»Patrick behandelt alle wichtigen Unsicherheiten einer solchen Reise und gibt dem Leser zunehmend das Gefühl, sich doch nicht in so unwegsamem Terrain zu bewegen.« (umdiewelt.de)

»Das Hauptanliegen des Autors ist es, dem Einsteiger Ängste und Vorbehalte vor der ersten Backpacking-Reise zu nehmen. Das gelingt ihm ausgezeichnet.« (S. Pape)

»Ich kann dieses Buch allen wärmstens empfehlen, denen es genau so geht wie mir, und kann mit gutem Gewissen sagen, dass ich mich nun viel sicherer fühle und mich jetzt noch mehr auf meine Reise freue.« (A. Lischka)

»Das Buch liest sich sehr flüssig, ist klar strukturiert und ich habe nicht das Gefühl, dass etwas fehlt. Wenn ich mir während des Lesens mal eine Frage stellte, wurde diese spätestens zwei Kapitel später beantwortet.« (M. Konkol)

»Das Buch kam zur richtigen Zeit in mein Leben und ist wie Balsam für meine Seele! Selbst meine Freunde und meine Mutter haben gemerkt, dass dieses Buch meine ängstliche Art der letzten Monate rückstandslos beseitigt hat.« (D. Griego)

»Sogar Fragen, die ich mir nicht gestellt hatte, hat mir dieses Buch beantwortet. Dafür bin ich sehr dankbar.« (C. Bächle)

Vorwort

Du möchtest zum ersten Mal mit dem Rucksack auf dem Rücken in ein fernes Land reisen? Du hast noch so viele Fragen und auch einige Bedenken? Vielleicht halten sie dich sogar davon ab, endlich aufzubrechen? Das wäre nicht ungewöhnlich, denn die Sorge vor der Ungewissheit ist der häufigste Grund, weshalb Menschen sich gegen ein Abenteuer entscheiden.

Die Australier haben auf solche Bedenken eine einfache Antwort: No Worries – Mach dir keine Sorgen! Diese Einstellung möchte ich dir vermitteln, bevor du zu deiner ersten Backpacking-Reise aufbrichst.

Dieses Buch erklärt dir nicht, wie du eine Weltreise planst, und auch konkrete Informationen zu einzelnen Ländern wirst du hier nicht finden. Stattdessen beantwortet es die Fragen von Einsteigern, die sich zum ersten Mal einen Rucksack auf den Rücken schnallen und in ein Abenteuer stürzen. Nach dem Lesen wirst du immer noch etwas nervös sein, denn ein bisschen Aufregung gehört dazu. Aber du wirst wissen, dass deine Sorgen unbegründet sind. Mein Ziel ist, dich entspannt ans andere Ende der Welt zu schicken.

Patrick Hundt

Inhalt

1. Einleitung

Über den Autor

Ich war bereits 25 Jahre alt, als ich zu meiner ersten Backpacking-Reise aufbrach. Vorher kam ich gar nicht auf die Idee, mit einem Rucksack auf dem Rücken durch exotische Länder zu reisen. Es schien zu gefährlich und viel zu aufregend. Ich sah mich selbst nicht als Backpacker, sondern dachte, das sei nur etwas für die „coolen" Leute.

Bis ich eine Gelegenheit beim Schopfe ergriff. Als ein Freund im Herbst 2007 nach Kuba flog, hängte ich mich an ihn dran. Ein Jahr später war ich zum ersten Mal allein unterwegs. Seitdem verreiste ich jedes Jahr für drei Wochen – nach Mexiko, Thailand, Peru und Kolumbien. Erst unterwegs lernte ich, wie unkompliziert das alles ist.

Im Jahr 2012 gelang mir dann etwas, das ich schon lange im Hinterkopf hatte: eine wirklich lange Reise. Ich flog zunächst in die USA und erfüllte mir dort den Traum eines Road Trips durch den Südwesten. Anschließend erkundete ich Südostasien: In Malaysia, Thailand, Vietnam und Laos verbrachte ich jeweils einige Wochen, bevor ich nach Australien und Neuseeland weiterzog – beliebte Ziele bei jungen deutschen Backpackern. In neun Monaten besuchte ich insgesamt neun Länder. Während dieser langen Reise schrieb ich einen Reiseblog (www.101places.de), der nach einiger Zeit sehr erfolgreich wurde. Es sah bald so aus, als könne er sogar zu meinem Lebensunterhalt beitragen. Ich wollte versuchen, von meinem Blog zu leben. Also entschied ich mich kurz nach meiner Rückkehr dazu, einfach weiterzureisen.

Der Autor: Patrick Hundt

Fortan verbrachte ich jedes Jahr mindestens sechs Monate im Ausland, die meiste Zeit außerhalb Europas. Ich reiste drei Monate durch Mexiko und Guatemala, flog nach Hause und brach zwei Wochen später nach Südafrika auf, um dort den Winter zu verbringen. Später besuchte ich erneut Thailand, die USA und wieder Südafrika. Mit jeder Reise wurde ich entspannter. Selbst wenn ich ein Land zum ersten Mal besuchte, vertraute ich nun darauf, dass alles gut gehen würde. Im Großen und Ganzen ergab sich stets alles so, wie ich es wollte.

Fast drei Jahre lang lebte ich so. Wenn ich in Deutschland war, wohnte ich zur Zwischenmiete, aber meistens reiste ich in ferne Länder. Ich war ein digitaler Nomade, der nur mit einem Laptop ausgestattet heimatlos um die Welt zog. Der erfolgreiche Reiseblog machte es möglich.

Patrick am Flughafen Berlin Schönefeld

Mittlerweile bin ich wieder sesshaft geworden und möchte meine Erfahrungen als Backpacker mit diesem Buch an dich weitergeben. Als Reiseblogger erhalte ich täglich Fragen von jungen Menschen, die zum ersten Mal in die Welt hinauswollen. Ich weiß, was sie bewegt und welche Sorgen sie haben. Auf die meisten Fragen antworte ich in diesem Buch.

Diese zweite Auflage von „No Worries" enthält sogar noch mehr Antworten, da ich nun das Feedback meiner Leser berücksichtigen kann. Mein Ziel ist, dass du am Ende dieses Buchs entspannt den Rucksack packen und deine Reise antreten kannst.

Was ist eigentlich Backpacking?

Zunächst möchte ich klären, was ich unter Backpacking verstehe. Nicht, dass es zu Missverständnissen kommt. Die frühen Backpacker der 1970er-Jahre schlugen sich unter widrigen Umständen irgendwie durch die Welt. Abseits des Massentourismus fuhren sie oft ins Ungewisse. Ihren Besitz trugen sie auf dem Rücken, und wenn sie keine billige Unterkunft in Aussicht hatten, übernachteten sie eben im Zelt. Heute ist Backpacking keine Alternative zum Massentourismus mehr. Backpacking ist selbst zu einem Massenphänomen geworden. Zu jedem beliebigen Zeitpunkt reisen Millionen von Menschen als Backpacker um die Welt. Es kann keine Rede mehr davon sein, sich irgendwie durchzuschlagen. Viele Wege sind bereits häufig gegangen worden. In den beliebtesten Reiseländern gibt es deshalb eine hervorragende Infrastruktur für Rucksackreisende.

Backpacking bezeichnet heute einen individuellen Reisestil, der nicht einmal besonders unbequem sein muss. Der Rucksack spielt nur eine Nebenrolle und ist lediglich ein Mittel zum Zweck. Häufig wird er nur vom Bus zum Hostel getragen.

Was zeichnet einen Backpacker aus?

- Backpacker verreisen länger als Pauschalreisende. Drei Wochen sind für die meisten das Mindeste. Einige sind sogar für mehrere Monate unterwegs.

- Backpacker suchen einzigartige Erfahrungen, die sie zu Hause nicht finden. Für sie geht es nicht nur um körperliche Entspannung. Sie möchten für einige Zeit aus dem Alltag ausbrechen, sind offen für Überraschungen und neue Bekanntschaften.

- Backpacker lernen unterwegs neue Leute kennen. Der Austausch mit anderen Reisenden ist Teil der Erfahrung.
- Backpacker haben ein kleines Budget. Sie bevorzugen daher preiswerte Länder. Um Geld zu sparen, nehmen sie lange Busfahrten in Kauf und schlafen in Hostels sowie kleinen Gästehäusern anstatt in teuren Hotels.
- Backpacker reisen individuell. Sie organisieren ihre Reise selbstständig und entscheiden allein, was sie erleben wollen.
- Backpacker tauchen gern in fremde Kulturen ein. Anstatt für zwei Wochen am Swimmingpool zu liegen, erkunden sie ein Land auf eigene Faust. Sie haben keinen festen Standort als Basis für Erkundungen, sondern suchen sich immer wieder neue Aufenthaltsorte.
- Backpacker reisen auch allein. Zwar ist die Mehrheit zu zweit unterwegs, doch eine Solo-Reise ist für Backpacker nicht ungewöhnlich.
- Backpacker reisen mit wenig Gepäck. Was nicht in den Rucksack passt, brauchen sie nicht.

Wer geht auf Rucksackreise?

Die meisten Backpacker stammen aus westlichen Ländern. Vor allem Nord- und Westeuropäer sowie Australier sind stark vertreten. Deutsche sind meiner Erfahrung nach die Backpacking-Weltmeister. Man trifft sie in jedem Land. Backpacker sind meistens zwischen 18 und 35 Jahren alt, nur wenige sind älter. Sie sind gut ausgebildet: Die meisten haben Abitur, viele haben studiert oder sind noch dabei. Backpacker sind nicht nur Männer. Viele Frauen sind mit ihrem Rucksack in der Welt unterwegs, oft auch ohne Begleitung.

Backpacking bedeutet Verzicht

Als Backpacker kannst du heute sehr bequem reisen. Die hervorragende Infrastruktur in beliebten Reiseländern macht es möglich. Trotzdem heißt Backpacking auch, Verzicht zu üben:

• Ob du einen Rucksack mitnimmst oder einen Koffer: Beim Inhalt musst du dich einschränken. Du wirst jedoch überrascht sein, wie wenig du wirklich brauchst. Was du bei deiner Reise dabei haben solltest, zeige ich dir in Kapitel 8.

• Gute Unterkünfte in armen Ländern sind sauber und völlig in Ordnung. Aber sie sind nicht mit einem europäischen Hotel zu vergleichen. Deine Ansprüche an Design und Komfort musst du also herunterschrauben.

• Der öffentliche Verkehr ist unbequemer als zu Hause. Teilweise musst du lange Strecken zurücklegen und ganze Nächte im Bus verbringen. Mit Verspätungen musst du rechnen. Das deutsche Meckern darüber kannst du dir sparen, denn damit stößt du in den meisten Ländern auf Unverständnis.

• Während der Reise musst du ohne Familie und Freunde auskommen. Ihr könnt zwar telefonieren, aber sonst bist du auf dich allein gestellt. Das ist eine Herausforderung, aber eine, die du meistern wirst, und an der du wachsen kannst.

• Unterwegs wirst du viel von dem verpassen, was zu Hause vor sich geht. Aber dein Leben geht auch ohne den neuesten Tratsch weiter.

• Für Unterhaltung musst du auf Reisen selbst sorgen, denn ein gutes Fernsehprogramm suchst du vergebens. Auch das Internet funktioniert nicht immer so reibungslos wie zu Hause. Doch ich würde mich wundern, wenn dir unterwegs langweilig wird.

Eine Reise ist nicht mit dem Leben zu Hause vergleichbar. Das ist gut so, deshalb reisen wir ja. Kannst du auf diese Dinge dennoch nicht verzichten, solltest du besser nicht als Backpacker verreisen. Es lohnt sich allerdings, denn im Tausch dafür bekommst du viel mehr geboten.

Backpacking bedeutet Gewinn

Der Verzicht wird durch die vielen Vorteile locker wettgemacht. Backpacking kann dir unglaublich viel geben:

- Du bekommst mehr für dein Geld. Anstatt dein Budget für teure Unterkünfte auszugeben, investierst du in Erlebnisse.
- Backpacking vermittelt ein Gefühl von Freiheit. Du bewegst dich frei in einem Land und gestaltest ein paar Wochen oder Monate deines Lebens so, wie du es willst – frei von Verpflichtungen und den Erwartungen anderer.
- Du verlässt deinen Alltagstrott und lernst beim Backpacking viel Neues kennen. Eine fremde Kultur mit neuen Menschen, Sprachen und Gewohnheiten ist einfach aufregend.
- Unterwegs ist nicht alles super. Manches ist anstrengend oder auch bedrückend. Deine Heimat wirst du dabei umso mehr zu schätzen lernen.
- Unterwegs unternimmst du viele Dinge, die du zu Hause nicht machen würdest: Du lernst Tauchen oder Surfen, besteigst Vulkane, erkundest Höhlen oder schwimmst mit Delfinen.
- Durch das Reisen wirst du verständnisvoller. Ich kann mich heute besser in Menschen hineinversetzen, die unter anderen Voraussetzungen aufgewachsen sind. Es fällt mir nun leichter, jeden sein Ding machen zu lassen. Ich wette, dir wird es genauso gehen.
- Du setzt dich mit deinen Ängsten auseinander. Keine Angst verschwindet von selbst. Du wirst dich ihnen stellen und einige davon überwinden.

- Du lernst, dich auf das Wesentliche zu konzentrieren: weniger Gepäck, weniger Nachrichten, weniger Konsum, einfache Unterkünfte. Wir brauchen nicht viel, und diese Erkenntnis ist wunderbar.
- Du sammelst Erlebnisse und hast Zeit, sie zu reflektieren. So wächst du als Mensch und stärkst deinen Charakter.

Das ist mein Verständnis von Backpacking. Sicher ist einiges pauschal, und manche Backpacker werden sich nicht in jedem einzelnen Punkt wiederfinden. Es sollte dir jedoch ein erstes Bild davon vermitteln, was Backpacking eigentlich ist.

Stelle dich den Herausforderungen

Fragen, Ängste und Sorgen vor einer großen Reise sind völlig normal. Wer sie nicht hat, ist entweder total abgebrüht oder naiv. Je näher die Reise rückt, desto flauer wird dir vermutlich in der Magengegend. Menschen sind nervös, bevor sie etwas Neues tun. Das ist die natürliche Angst vor dem Unbekannten.

Aus eigener Erfahrung sage ich, dass diese Ängste gut sind. Sie lassen dich wachsam bleiben, anstatt allem blind zu vertrauen. Sie zeigen dir auch, dass du vor etwas Großartigem stehst, an dem du persönlich wachsen wirst. Jeder Mensch hat Angst, aber die einen geben auf, und die anderen machen es trotzdem. Das ist der einzige Unterschied.

Wenn du deine Reise trotz der Sorgen durchziehst, wirst du am Ende stärker aus ihr hervorgehen. Vor deiner zweiten Reise wirst du dann schon etwas entspannter sein. Je mehr Erfahrung du sammelst, desto mehr wird es zur Routine. Sobald du diese hast, kannst du noch mehr wagen und Dinge tun, die du von dir selbst nie erwartet hättest.

Einsteiger haben jedoch noch nicht das Vertrauen darin, dass alles gut gehen wird. Als Reiseblogger erhalte ich deshalb viele E-Mails, aus denen sich Sorgen herauslesen lassen:

- Worum muss ich mich vor der Reise kümmern?
- Wie funktioniert ein völlig unbekanntes Land?
- Komme ich mit der anderen Kultur zurecht?
- Kann ich die Reise überhaupt selbst organisieren?
- Habe ich genug Geld für eine Reise?
- Ist das Reisen in exotischen Ländern gefährlich?
- Muss ich mir Sorgen um meine Gesundheit machen?
- Was ist, wenn etwas passiert?
- Werde ich unterwegs andere Leute kennenlernen?
- Kann ich mich im Ausland verständigen?
- Habe ich an alles gedacht?

Auf all diese Fragen gibt es Antworten, und zwar in diesem Buch. Ich versichere dir, dass du wesentlich entspannter sein wirst, nachdem du das Buch gelesen hast. Danach stelle dich den Herausforderungen! Im Anschluss wirst du dich besser fühlen, denn bisher hat noch niemand gesagt: »Ich wünschte, ich wäre nicht verreist!«

2. Reiseplanung

Die besten Länder für Einsteiger

Falls du noch nicht weißt, wohin du reisen möchtest, gebe ich dir eine Hilfestellung. Die Auswahl ist groß. Fast 200 Länder warten auf dich. Das mag zunächst unübersichtlich wirken. Doch wenn du dir folgende Fragen stellst, kannst du die möglichen Reiseziele schnell einschränken:

Was möchte ich erleben?

Verfolgst du ein bestimmtes Ziel mit deiner Reise? Welche Kultur interessiert dich? Möchtest du an den Strand, in die Berge, in die Abgeschiedenheit oder lieber die Großstädte unsicher machen? Diese Fragen solltest du dir zuerst stellen, denn natürlich kommt es stark darauf an, was du selbst willst. Wenn du noch ratlos bist, solltest du dir Zeit für diese kleine Übung nehmen, denn deine Erwartungshaltung hat einen großen Einfluss darauf, wie zufrieden du mit der Reise sein wirst.

Wie viel Erfahrung habe ich?

Du bist noch nie im Ausland gewesen? Dann ist ein westliches Land ein guter Einstieg für dich. Dafür kommen die meisten Länder Europas infrage, sowie die USA, Kanada, Australien und Neuseeland. Andere westliche Länder sind unserer Heimat am ähnlichsten, sodass wir uns dort intuitiv am besten zurechtfinden.

Oder bist du bereits in westlichen Ländern gewesen? Dann wird es Zeit für etwas Exotisches. Die besten Einstiegsländer Südostasiens sind Thailand und Malaysia. Genau genommen kannst du als Einsteiger aber fast die gesamte Region bereisen, da die touristische Infrastruktur dort sehr gut ist, die Länder sicher sind und du auf den Pfaden vieler anderer Backpacker reisen kannst.

In Lateinamerika sind beliebte Reiseziele wie Mexiko oder Peru gut für den Einstieg geeignet, da sie in der Region nicht zu den ärmsten Ländern gehören und von ihrer Größe her noch überschaubar sind.

Du hast bereits erste Erfahrungen mit Entwicklungs- und Schwellenländern gesammelt? Dann kannst du dich an fast jedes Land heranwagen, aber das weißt du vermutlich bereits. Wer ein paar Mal unterwegs war, erkennt schnell, dass Backpacking ziemlich leicht ist.

Wie viel Zeit bringe ich mit?

Egal, wie viel Zeit du hast, du kannst grundsätzlich immer überallhin reisen. Doch mit wenig Zeit im Gepäck ist nicht jedes Reiseziel sinnvoll, da einige Regionen schwer zu erreichen sind, die Flüge viel Geld kosten oder die Länder so groß sind, dass man in wenigen Wochen nur einen Bruchteil von ihnen sehen kann.

Du hast nur zwei Wochen Zeit?
Dann würde ich ein Land wählen, das sich mit vergleichsweise günstigen Flügen schnell erreichen lässt. Innerhalb Europas trifft das auf fast alle Länder zu. Soll es nach Südostasien gehen, fliegst du am besten nach Bangkok, Kuala Lumpur oder Singapur. Lateinamerika ist am schnellsten und günstigsten über Cancún in Mexiko zu erreichen. Die Region Yucatán eignet sich gut für eine zweiwöchige Reise, da sie nicht sehr groß ist.

Du hast drei Wochen Zeit?
Drei Wochen sind der Standard unter den Backpacking-Reisen. In Asien gibt es für diese Zeitspanne viele Optionen: Thailand, Malaysia, Kambodscha, Laos, Vietnam, Myanmar, die Philippinen, Sri Lanka oder Indonesien. In Zentralamerika kommt jedes Land infrage, in Südamerika immerhin jene Länder, die nicht *extrem* groß sind: vor allem Ecuador, Peru, Bolivien und Kolumbien. Auch Südafrika könntest du in drei Wochen einen Besuch abstatten.

Du hast vier Wochen oder mehr?
Damit kommst du in alle bereits genannten Länder, und auch andere beliebte Reiseziele kommen nun infrage: China, Indien, Chile, Brasilien, Argentinien, Australien, Neuseeland, die USA oder Kanada.

Du hast mehrere Monate?
Herzlichen Glückwunsch! Dann kannst du mehrere Länder kombinieren – vielleicht zu einer Südostasien-Rundreise – oder gleich verschiedene Kontinente erkunden. Eine lange Reise ist auch eine gute Möglichkeit, kleinere Ziele anzusteuern, an denen man keinen ganzen Urlaub verbringen würde. Für mich waren das zum Beispiel Hongkong und Singapur.

Wann möchte ich verreisen?

Jahreszeiten und Reisesaisons spielen bei der Wahl ebenfalls eine Rolle. In jedem Land gibt es eine Hauptsaison, und es gibt Monate, in denen weniger los ist. Grundsätzlich ist das Wetter in der Hauptsaison am besten. In der Nebensaison ist es dafür preiswerter, weniger voll und man findet leichter Unterkünfte und Transferverbindungen. Auf der anderen Seite sind manche touristischen Angebote eingeschränkt.

Jedes Land hat seine eigenen Saisons. Daher kann ich dir keine konkreten Tipps geben, ohne ein ganzes Buch zu füllen. Aber es gibt immerhin ein paar Anhaltspunkte:

Winter: Im europäischen Winter kannst du gut auf die Südhalbkugel fliegen, da dann dort Sommer ist. Das betrifft vor allem beliebte Länder wie Australien, Neuseeland, Südafrika, Argentinien und Chile. Auch in großen Teilen Südostasiens und Lateinamerikas ist Hauptsaison. Der Winter ist für Backpacker deshalb die beliebteste Zeit, um zu verreisen.

Frühling: Das Frühjahr ist in vielen Backpacker-Regionen die schlechteste Reisezeit. Im März trudelt die Hauptsaison in Südostasien langsam aus und geht vielerorts in die Regenzeit über. Auf der Südhalbkugel wird es nun herbstlich. Im südlichen Europa ist es aber immerhin schon wärmer als bei uns.

Sommer: Im Sommer bleibe ich gern in Europa, da es hier die schönste Jahreszeit ist. Der Norden lohnt sich dann besonders. Auch für die USA oder Kanada ist es die beste Zeit. Innerhalb Südostasiens ist Indonesien eine gute Wahl. In Südamerika gibt es ebenfalls Länder, für die der Sommer die beste Reisezeit ist (z. B. Peru). Wer warmen Temperaturen nicht viel abgewinnen kann, sollte auf die Südhalbkugel fliegen.

Herbst: Im Herbst ist das Wetter in Südostasien überwiegend sehr gut. Es handelt sich um den Übergang von der Neben- zur Hauptsaison. Mittelamerika hingegen ist im Herbst nicht die erste Wahl, da dort dann Hurrikansaison ist. Auf der Südhalbkugel ist in unserem Herbst immerhin schon Frühling.

Mehr als Anhaltspunkte sind das jedoch nicht. Einen guten Überblick kannst du dir auf Beste-Reisezeit.org verschaffen. Dort findest du für typische Reiseländer die beste Reisezeit. Auf Optimale-Reisezeit.de kannst du sogar angeben, in welchem Monat du verreisen möchtest, und erhältst eine Liste der Länder, die sich für diesen Monat besonders gut eignen.

Ich werde häufig auf die Regenzeit angesprochen. In tropischen Ländern gibt es diese Monate, in denen es mehr regnet. Die Regenzeit ist zwar nicht die beste Jahreszeit für einen Urlaub – sie muss eine Reise aber nicht ausschließen. Regenzeit bedeutet nicht, dass es durchgängig regnet. Häufig regnet es einmal am Tag heftig für eine Stunde. Danach scheint wieder die Sonne. Mit etwas Pech kannst du aber auch eine dunkle Woche erwischen. Ich habe schon vier Wochen in der Regenzeit auf Bali verbracht und es hat in der gesamten Zeit nur wenige Male geregnet. Allerdings waren Freunde von mir drei Jahre vorher zur gleichen Jahreszeit dort und erlebten fast nur Regentage. Das Wetter ist leider nicht auf lange Sicht vorhersagbar. Wenn ich es mir aussuchen kann, verreise ich nicht zur Regenzeit. Doch wenn es nicht anders geht, dann hält mich das nicht von der Reise ab.

Wie viel Geld habe ich?

Kleines Budget (20 bis 30 Euro pro Tag + Flug)
Südostasien und Indien schlagen alle anderen Regionen. Unterkünfte, Transfer und Verpflegung sind dort sehr preiswert. Das gilt selbst für die beliebten Länder Thailand, Vietnam und Indonesien. Für kurze Reisen kann auch Europa lohnen, da keine hohen Flugkosten anfallen. Vor allem Osteuropa ist vergleichsweise günstig. Allerdings musst du dich dann in jedem Fall mit Hostel-Schlafsälen begnügen.

Mittleres Budget (30 bis 60 Euro am Tag + Flug)
Neben Südostasien kannst du für dieses Geld auch nach Lateinamerika reisen, wobei die Preisunterschiede in den einzelnen Ländern groß sind. Argentinien und Chile dürften die teuersten Länder sein, während Bolivien und die meisten Länder Zentralamerikas am günstigsten sind. Mit diesem mittleren Budget sind zudem Nord- und Südafrika eine Option. Auch Europa ist für eine Weile drin, wenn man bedenkt, dass kaum Flugkosten anfallen.

Hohes Budget (über 60 Euro am Tag + Flug)
Wenn es ein bisschen mehr kosten darf, sind Australien, Neuseeland, die USA und Kanada eine gute Option. Australien gehört zu den teuersten Ländern der Welt. Allerdings gibt es dort sowie in Neuseeland eine gute Backpacker-Infrastruktur. Dadurch wird es einigermaßen günstig, wenn du in Hostel-Schlafsälen oder auf Campingplätzen übernachtest. Backpacker, die viel Zeit mitbringen, arbeiten vor Ort, um sich den Aufenthalt zu finanzieren (Stichwort: Work & Travel).

Die USA und Kanada sind grundsätzlich günstiger als Australien, aber das Reisen ist kostspielig, da diese Länder über keine gute Infrastruktur für Backpacker verfügen. Ohne Mietwagen sieht es dort schlecht aus und Hostels gibt es nicht viele. In Kapitel 5 gehe ich detailliert darauf ein, mit welchen Kosten du pro Region rechnen musst.

Tipp: Achte auf Währungsschwankungen. Entwicklungs- und Schwellenländer haben oft instabile Währungen. Wenn du zum richtigen Zeitpunkt ins richtige Land fährst, kannst du viel Geld sparen. Einige Monate vor meiner Reise nach Südafrika verlor der südafrikanische Rand etwa 25 Prozent an Wert gegenüber dem Euro. So habe ich mehrere Hundert Euro gespart!

Wie unkompliziert möchte ich reisen?

Je mehr Backpacker ein Land besuchen, desto besser ist die Infrastruktur für sie ausgebaut: Unzählige Busverbindungen, viele Unterkünfte, eine große Auswahl an Restaurants. Das macht das Reisen unkompliziert – wie z. B. in Thailand, Vietnam oder Mexiko. Du musst nicht viel planen und kannst von heute auf morgen irgendwohin fahren. Überhaupt sind Südostasien und Lateinamerika sehr unkomplizierte Regionen.

In Südamerika sind kleinere Länder einfach zu bereisen. Aber in Brasilien, Argentinien oder Chile musst du zum Teil absurd lange Strecken zurücklegen. Wer es unkompliziert mag, sollte also sehr touristische Länder wählen, die geografisch kompakt sind.

Welchen Komfort brauche ich?

In einem exotischen Land kannst du nicht den gleichen Komfort erwarten wie zu Hause. Wer westliche Standards fordert, muss westliche Preise zahlen. In den billigsten Ländern findest du ohne Probleme ein Doppelzimmer für 5 bis 10 Euro. Aber die Matratze ist hart, die Bettwäsche schon abgenutzt, das Zimmer ist spärlich eingerichtet, die Dusche ist vielleicht nicht heiß, der Strom fällt hin und wieder aus und das WLAN ist langsamer, als du es gewohnt bist. Von Gemütlichkeit kann oft keine Rede sein. Doch es ist vermutlich sauber, sicher und völlig ausreichend.

In Lateinamerika empfinde ich den Standard der Unterkünfte als etwas besser im Vergleich zu Südostasien, dafür sind sie ein Stück teurer. Von Land zu Land gibt es jedoch große Unterschiede. Das Reisen in Mexiko oder Peru ist zum Beispiel komfortabler als in Guatemala, wo es kaum Reisebusse gibt und nur wenige schöne Unterkünfte.

Noch deutlich komfortabler ist das Reisen in Südafrika und in den westlichen Ländern. Allerdings musst du dir diese Bequemlichkeit einiges kosten lassen.

Wie wichtig ist mir Sicherheit?

Grundsätzlich ist die ganze Welt sicherer, als du vermutlich glaubst. Auf der anderen Seite kann dir überall etwas zustoßen, in Mexiko-Stadt sowie in München.

Ich halte Australien, Neuseeland sowie Nord- und Westeuropa für die sichersten Regionen der Welt. Dann folgt Südostasien. Obwohl die Länder dort sehr arm sind, ist die Kriminalitätsrate gering. Wenn du Pech hast oder unachtsam bist, wirst du vielleicht bestohlen, aber viel schlimmer wird es wahrscheinlich nicht.

Etwas weniger sicher ist es in Mittel- und Südamerika. Die Länder dieser Region sind zwar nicht so gefährlich, wie sie in den Medien dargestellt werden. Aber in Sachen Sicherheit stehen sie trotzdem hinter Asien und den westlichen Ländern. Auch die USA würde ich in diese Kategorie einordnen.

Noch etwas gefährlicher wird es in Afrika, wobei die Unterschiede zwischen den einzelnen Ländern groß sind. Wenn Sicherheit auf deiner Liste ganz oben steht, würde ich zunächst in andere Regionen reisen. In Kapitel 6 gehe ich auf das Thema noch detaillierter ein.

Verreise ich allein?

Grundsätzlich kann man überallhin allein reisen. Aber es kann zur Preisfrage werden! Eine Reise zu zweit ist billiger (pro Kopf), weil man sich die Unterkunftskosten oder auch einen Mietwagen teilen kann. In sehr günstigen Regionen wie Südostasien sind die Unterschiede nicht signifikant. Du kannst dir ein Zimmer für dich allein leisten, und einen Mietwagen brauchst du dort ohnehin nicht. In Lateinamerika ist das ähnlich. In westlichen Ländern hingegen kommt man als Solo-Backpacker kaum um Hostel-Schlafsäle herum, wenn die Kosten nicht ausufern sollen.

Außerdem hat man allein ein höheres Sicherheitsbedürfnis und hätte es gern unkompliziert, weil man sich weniger zutraut. Auch aus diesem Grund eignen sich für einen Solo-Trip vor allem Südostasien, Australien und Neuseeland. Diese Regionen sind sicher und unkompliziert.

Welche Sprachen spreche ich?

Im Ausland ist Englisch das Mindeste, was du verstehen und sprechen solltest. Es muss jedoch nicht perfekt sein. Schul-Englisch reicht völlig aus. Damit kannst du dich in erster Linie in den englischsprachigen Ländern verständigen (z. B. USA, Kanada, Australien, Neuseeland, Südafrika, Großbritannien, Malta). In Asien sprechen die meisten Einwohner Singapurs, Hongkongs und Malaysias sehr gutes Englisch. Auch in großen Teilen Europas kommst du damit durch, am Besten in Skandinavien und den Niederlanden.

In Südostasien kommst du in den touristischen Gebieten mit Englisch sehr gut zurecht. Die einfache Bevölkerung spricht es zwar nicht, aber du kannst dich mit Menschen unterhalten, die im Tourismus arbeiten.

Schwieriger wird es in Lateinamerika. Selbst im Tourismus sprechen die wenigsten Leute Englisch. Meiner Erfahrung nach kommt man trotzdem irgendwie durch. Ich war in Peru, Kolumbien, Mexiko und Kuba, ohne Spanisch zu sprechen. Es macht allerdings mehr Spaß, sich beim Reisen verständigen zu können.

Welches Klima ist mir am liebsten?

Die meisten Backpacker zieht es ins Warme. In Südostasien ist es fast immer warm bis heiß, bei hoher Luftfeuchtigkeit. In Mittel- und Südamerika ist das Klima maßgeblich von der Höhenlage abhängig. Viele Regionen sind sehr hoch gelegen (2.000 bis 3.000 Meter über dem Meeresspiegel sind keine Seltenheit) und somit angenehm oder sogar kühl. Im Flachland ist es meist warm bis heiß.

In Australien, Neuseeland und Südafrika gibt es ähnliche Jahreszeiten wie bei uns – nur umgekehrt. In unserem Sommer kann es in Neuseeland schneien. In deren Sommer ist es kaum wärmer als bei uns.

Wer es gern warm mag, aber die hohe Luftfeuchtigkeit nicht aushält, kann in großen Teilen Australiens, der USA oder Südafrikas die trockene Hitze genießen. An den leichten Schweißfilm auf der Haut bei hoher Luftfeuchtigkeit kann man sich aber gewöhnen. Nach einigen Reisen hat es mich schon weniger gestört.

Alle Fragen auf einen Blick:

- Was möchte ich erleben?
- Wie viel Erfahrung habe ich?
- Wie viel Zeit bringe ich mit?
- Wann möchte ich verreisen?

- Wie viel Geld habe ich?
- Wie unkompliziert hätte ich es gern?
- Welchen Komfort brauche ich?
- Wie wichtig ist mir Sicherheit?
- Verreise ich allein?
- Welche Sprachen spreche ich?
- Welches Klima ist mir am liebsten?

Stelle dir diese Fragen, um zu entscheiden, welches Land für deine nächste Reise infrage kommt. Werte anschließend aus, bei welchen Ländern es die meisten Überschneidungen gibt.

Braucht man einen Reiseführer?

Bevor es alle Informationen im Internet gab, lief jeder Backpacker mit einem Reiseführer in der Hand durch die Welt. Es gab kaum jemanden, der nicht einen Lonely Planet oder ein ähnliches Buch dabeihatte. Heute haben die Verlage Probleme, genügend Reiseführer abzusetzen, denn das Internet nimmt ihnen die Kunden weg. Das wirft die Frage auf: Braucht man heute überhaupt noch einen Reiseführer?

Vorteile von Reiseführern

Ein guter Reiseführer erspart dir lange Recherchen im Internet. Du musst nicht tagelang Foren und Blogs durchforsten, sondern hast die wesentlichen Informationen kompakt in einem Buch. Unterwegs bist du dann nicht auf das Internet angewiesen, sondern hast dein Wissen im Rucksack. Heute gibt es die meisten Reiseführer sogar als eBook, sodass du nicht einmal das Extragewicht tragen musst. Du kannst sie einfach auf einem Gerät lesen, das du ohnehin dabeihast.

Reiseführer werden von erfahrenen Autoren geschrieben, die oft jahrelang durch ein Land gereist sind. Teilweise leben sie sogar vor Ort. Zwar sind nicht alle Informationen korrekt oder aktuell, aber das ist im Internet nicht anders.

Nachteile von Reiseführern

Wenn du einen Reiseführer kaufst, zahlst du für Informationen, die du kostenlos haben könntest. Du musst nur lange genug suchen.

Ein echtes Buch nimmt viel Platz weg. Einige Reiseführer sind bis zu 1.000 Seiten dick. Die musst du mit dir herumschleppen, wenn du kein elektronisches Lesegerät hast.

Zwar werden die meisten Reiseführer im Zwei-Jahres-Rhythmus aktualisiert, doch zwei Jahre sind für einige Informationen eine lange Zeit. Im Internet gibt es das aktueller. Online findest du außerdem viele Erfahrungsberichte – von Menschen wie dir und mir. Im Reiseführer gibt es nur die Meinung weniger Autoren.

Meine Empfehlung

Für die erste Reise empfehle ich dir, einen Reiseführer zu kaufen. Ob in Buchform oder digital, ist egal. Ein guter Reiseführer bietet dir eine gewisse Sicherheit, an der du dich festhalten kannst. Du erhältst gute Tipps für Sehenswürdigkeiten, Busverbindungen, Restaurants und Unterkünfte. Für jeden Ort erfährst du die wichtigsten Anlaufstellen. Unterwegs wirst du dann merken, ob du den Reiseführer wirklich verwendest. Vor deiner zweiten Reise überlegst du dann erneut, ob du noch einmal einen Reiseführer kaufst.

Ich selbst habe mir vor den meisten Reisen einen Reiseführer gekauft. Ich war oft zu faul, alle Informationen wochenlang im Internet zu recherchieren. Das machte mir keinen Spaß. Stattdessen hatte ich alles in einem Buch dabei. Meistens lud ich mir die digitale Version von The Rough Guide oder Lonely Planet auf meinen Kindle. Vor einer Reise las ich lediglich die Zusammenfassungen und vorgeschlagenen Reiserouten, um einen schnellen Überblick von dem Land zu erhalten. Während der Reise informierte ich mich im Reiseführer über Sehenswürdigkeiten und Busverbindungen. Ich gebe allerdings zu, oft nur zehn Prozent der Inhalte gelesen zu haben. Parallel suchte ich auch im Internet nach Unterkünften.

Die besten Reiseführer für Backpacker

Es gibt eine ganze Reihe von Reiseführern, die einander sehr ähnlich sind. Für Backpacker dürfte Lonely Planet weiterhin der führende Anbieter sein. Aber The Rough Guide und Stefan Loose sind genauso gut. Ich sehe inhaltlich kaum Unterschiede. Auch die Bücher von DuMont, Reise Know-How und Footprint sind in der Regel gut und werden von amazon-Kunden empfohlen. Bei Unsicherheit achte ich auf solche Lesermeinungen.

Ich würde mich nicht auf eine bestimmte Marke festlegen, sondern eine der neueren Auflagen wählen. Im Zweifel nehme ich lieber einen gerade erst veröffentlichten Reiseführer als einen zwei Jahre alten.

Ein deutschsprachiger Reiseführer kostet meistens um die 25 Euro. Als eBook und auf Englisch geht es auch günstiger. Das ist nicht ganz billig, allerdings wird dir ein guter Reiseführer helfen, deine Reise entspannter anzugehen.

Deine Aufgaben vor der Reise

Völlig planlos zu verreisen hat seinen Reiz. Allerdings entstehen Probleme vor allem dann, wenn du unvorbereitet bist. Nimm dir also ein bisschen Zeit, um dich auf deine Reise vorzubereiten.

1. Prüfe die Einreisebestimmungen
Informiere dich auf der Website des Auswärtigen Amts über die Einreisebestimmungen für das Land deiner Wahl. Diese und viele weitere Informationen findest du dort unter „Reise- und Sicherheitshinweise". Für Deutsche, Österreicher und Schweizer ist das Reisen in ferne Länder sehr unkompliziert. Wir dürfen ohne Visum fast überall hin. Für manche Länder brauchst du dennoch ein Visum. In einigen Fällen musst du es vor deiner Reise bei der Botschaft des Reiselandes beantragen. Oft erhalten wir es aber umstandslos bei der Einreise am Flughafen (das sogenannte „Visa on Arrival"). Nimm das nicht auf die leichte Schulter, sondern lies wirklich nach. Ich habe es einmal versäumt und bekam Probleme bei der Einreise in die USA, da ich keinen gültigen Weiterflug hatte.
Überprüfe außerdem, ob dein Reisepass aktuell ist. Bei der Einreise muss er noch mindestens sechs Monate gültig sein. In vielen Ländern Europas brauchst du jedoch nur deinen Personalausweis.

2. Lass dich impfen
Falls du die gängigen Impfungen noch nicht erhalten hast, aber in exotische Länder reisen möchtest, solltest du das spätestens sechs Wochen vor der Abreise angehen. Welche Impfungen du brauchst, erfährst du in Kapitel 7.

3. Schließe eine Auslandskrankenversicherung ab
Für eine Reise ins Ausland brauchst du eine Auslandskrankenversicherung. Vergiss nicht, sie vor der

Abreise abzuschließen. Keine Sorge, solche Versicherungen sind nicht teuer. In Kapitel 7 erfährst du mehr dazu.

4. Buche den Flug

Einen Langstreckenflug solltest du rechtzeitig buchen. Zwei bis sechs Monate vor Reiseantritt ist eine gute Zeit. Wie genau das funktioniert, erfährst du im nächsten Kapitel.

5. Informiere dich über die Sehenswürdigkeiten

Lies ein paar Wochen vor der Reise nach, welche Sehenswürdigkeiten du unbedingt sehen möchtest. Einige Highlights musst du im Voraus buchen. Davon gibt es zwar nur sehr wenige, aber es wäre ärgerlich, wenn du sie wegen fehlender Planung verpasst. Manches kannst du online reservieren und von Frühbucherrabatten profitieren.

6. Plane eine ungefähre Reiseroute

Informiere dich vor der Abreise über mögliche Reiserouten. So kannst du die verfügbare Zeit während der Reise bestmöglich nutzen. Allerdings musst du noch nicht festlegen, wie lange du an einem Ort bleiben möchtest. Schränke dich nicht unnötig ein, indem du bereits alle Unterkünfte buchst. Vor Ort wirkt alles ein bisschen anders als zu Hause auf dem Sofa.

Wenn du gerne planst, lies am besten in einem Reiseführer oder suche im Internet nach Blogs und Foren, in denen über dein Reiseziel geschrieben wird. Mir hat das jedoch noch nie Spaß gemacht. Daher nutze ich vor allem zwei Möglichkeiten, um schnell einen Überblick zu gewinnen: In Reiseführern gibt es oft beispielhafte Reiserouten, eine Übersicht beliebter Sehenswürdigkeiten und kurze Zusammenfassungen für jedes Kapitel. Darüber hinaus suche ich im Internet nach Reiserouten von anderen Reisenden. Dafür gebe ich bei Google beispielsweise „Thailand Reiseroute" ein. Diese Anregungen schreibe ich auf und schaue bei Google Maps nach, wo die Orte liegen und wie ich sie zu einer Reiseroute verbinden kann.

7. Beantrage den internationalen Führerschein
Falls du im Ausland mit einem Auto oder Motorroller fahren möchtest, solltest du den internationalen Führerschein beantragen. Für die Anmietung eines Fahrzeugs brauchst du ihn selten, aber im Falle einer Verkehrskontrolle oder eines Unfalls musst du ihn dabeihaben.

8. Plane dein Budget
Mach dir rechtzeitig Gedanken über dein Budget. Das geht am besten, wenn der Flug bereits gebucht ist, da das der größte Kostenfaktor ist, den du bezahlen musst. Mit welchem Budget du kalkulieren musst, erfährst du in Kapitel 5.

9. Informiere dich über die Währung
Informiere dich darüber, wie du unterwegs an Bargeld kommst. In den meisten Backpacker-Ländern sind Geldautomaten weit verbreitet. Achte darauf, dass auf deinem Konto genügend Geld verfügbar ist. Informiere dich auch über den aktuellen Wechselkurs. Wenn du nach der Ankunft zum ersten Mal Bargeld am Geldautomaten holst, solltest du den Umrechnungskurs kennen. Am besten auch für Länder, in denen du zwischenlandest. Wie das mit dem Bargeld im Ausland genau funktioniert, zeige ich dir in Kapitel 5.

10. Erstelle eine Packliste
In Kapitel 8 zeige ich dir, welche Ausrüstung du unterwegs gebrauchen kannst. Schreibe das alles rechtzeitig auf, und besorge die Dinge, die noch fehlen.

11. Buche die erste Unterkunft
Ein paar Tage vor der Abreise kannst du die Unterkunft für die ersten Nächte buchen. Vor allem wenn du in einer Großstadt

landest, würde ich das empfehlen. Es beruhigt, die erste Anlaufstelle zu kennen. Die Adressdaten druckst du aus oder schreibst sie dir auf, damit du sie vor Ort ggf. einem Taxifahrer zeigen kannst.

12. Plane den Flughafentransfer

Informiere dich darüber, wie du vom Flughafen zu deiner ersten Unterkunft gelangst. Die Optionen stehen in jedem Reiseführer und auf der Website des Flughafens, auf dem du landest. Manchmal gibt es eine Metro, mal Busse, Shuttles oder auch nur Taxis. Häufig kannst du auch einen Transfer mit deiner Unterkunft vereinbaren, dann holt dich jemand vom Flughafen ab.

13. Informiere dich über die Sitten

Ein bisschen Grundwissen über die Gepflogenheiten im Ausland muss schon sein: Wie trete ich Einheimischen gegenüber auf? Wie verhalte ich mich im Tempel? Auch ortsübliche Gesten der Höflichkeit sind wichtig.

Informiere dich über die Trinkgeldregelung: In vielen Ländern sind zehn Prozent angemessen, manchmal 15 bis 20 Prozent, und in einigen Ländern ist Trinkgeld unüblich.

Auch über unausgesprochene Kleidungsvorschriften solltest du Bescheid wissen – das gilt insbesondere für Frauen. Freizügigkeit wird nicht überall gern gesehen, vor allem in islamischen Ländern. Aber auch im buddhistischen Laos, wo es weit und breit keinen Strand gibt, solltest du nicht im Bikini durchs Dorf laufen. Dabei geht es nicht nur um deine Sicherheit, sondern um Respekt. Wenn du unsicher bist, wie du dich verhalten sollst, orientiere dich an anderen Reisenden. Entsprechende Informationen findest du in jedem Reiseführer oder in Foren und Blogs.

Allein reisen – geht das?

Backpacker und vor allem Langzeitreisende haben Angst davor, allein zu reisen. Und wenn sie diese Angst selbst nicht haben, dann wird sie ihnen mit Sicherheit von Freunden und der Familie eingeredet. Für mich ist es das Normalste der Welt, allein zu reisen. Ich mache es seit Jahren. Viele andere machen es auch. Aus meiner Sicht werden die Vorteile unterschätzt und die Ängste überbewertet. Es kann nämlich auch Spaß machen, allein zu verreisen.

Die Vorteile des Alleinreisens

Auf einer Solo-Reise bin ich unabhängig. Ich kann machen, was ich will, wann ich es will, wie ich es will. Wenn ich nur im Café sitzen und ein Buch lesen möchte, kann ich das machen. Wenn ich auf einen Vulkan steigen möchte, muss ich mich mit niemandem darüber abstimmen. Das klingt ziemlich egoistisch, doch wenn du allein bist, stört es ja niemanden. Diese Entscheidungsfreiheit kennen wir in unserem Alltag kaum. Vielleicht musst du den Umgang mit ihr erst neu erlernen. Aber ich sage dir, sie fühlt sich gut an.

Mit der Unabhängigkeit geht Flexibilität einher. Ich kann an einem Ort länger bleiben oder sofort wieder abreisen. Ich kann mich auch anderen Reisenden anschließen, wenn mir danach ist. Wer zu zweit oder in kleinen Gruppen reist, bleibt eher unter sich. Viele Solo-Reisende haben mir bestätigt, dass sie allein häufiger in Kontakt mit Reisenden und Einheimischen kommen. Sie berichten auch davon, alles mit offeneren Augen zu sehen.

Auch Streit kann es nicht geben. Ich erlebe häufig, dass die Stimmung zwischen Reisepartnern angespannt ist. Eine Backpacking-Reise ist ein extremes Erlebnis. Reist du hingegen allein, kannst du mit niemandem grundlos streiten.

Für mich als Introvertierten heißt allein zu sein vor allem auch: mehr Zeit für mich. Zeit für Erholung, neue Ideen, neue Pläne, neue Bücher. Für all das bleibt zu zweit wenig Zeit. Daher kehre ich von meinen Solo-Reisen stets mit einem Rucksack voller Ideen zurück.

Ängste vor dem Alleinreisen

Klingen diese Argumente verlockend? Vermutlich hast du trotzdem noch einige Sorgen. Lass dir eines gesagt sein: Jeder Mensch hat Angst davor, allein zu verreisen. Die einen mehr, die anderen weniger. Vor der ersten Reise spuken so einige Ängste durch unsere Köpfe. Ich war keine Ausnahme. Die folgenden Sorgen hatte ich selbst und habe unterwegs gelernt, wie unbegründet sie waren:

Einsamkeit
Alleinsein und Einsamkeit haben nicht viel miteinander zu tun; sie werden aber oft in einen Topf geworfen. Allein zu sein ist nur ein Zustand, der nicht mehr aussagt, als dass niemand um dich herum ist. Einsamkeit hingegen ist ein inneres Gefühl, das es auch geben kann, wenn du in einer Gruppe unterwegs bist. Das Gefühl, von der ganzen Welt verlassen zu sein.

Nur weil du allein reist, musst du dich nicht automatisch einsam fühlen. Deine Familie und Freunde werden dich trotzdem in ihre Arme schließen, sobald du zurückkommst.

Auf Reisen wirst du aber ohnehin nicht allein sein. Wenn du ein geselliger Mensch bist, wirst du jeden Tag von anderen Menschen umgeben sein. Reise einfach dorthin, wo viele andere Backpacker sind. Du musst ja nicht allein durch den Dschungel wandern.

Langeweile
Allein zu reisen soll langweilig sein? Ich glaube, kaum ein Backpacker langweilt sich. Es gibt immer etwas zu tun.

Introvertierte Menschen brauchen nur etwas geistige Stimulation, können sich also schon mit einem Buch beschäftigen. Extrovertierte brauchen mehr Reize und können einfach auf die nächste Party gehen, an einer Tour teilnehmen oder sich anderen Reisenden anschließen. Falls dennoch Langeweile aufkommt, kannst du einfach deine Reisegeschwindigkeit erhöhen und mehr erleben. Doch das wird kaum notwendig sein.

Sicherheit
Wer zu zweit oder in der Gruppe reist, fühlt sich sicherer. Doch mehr als ein Gefühl ist das aus meiner Sicht nicht. Die meisten Gefahren auf Reisen (siehe Kapitel 6) gelten für Alleinreisende genauso wie für Menschen in Gruppen.

Falls du unsicher bist, lass es dir nach außen hin nicht anmerken. Wer eingeschüchtert wirkt, ist ein leichtes Opfer. Zeige, dass du weißt, was zu tun ist (auch wenn du das nicht weißt).

Falls du dich damit besser fühlst, schicke jemandem deine Reiseroute oder die Adressen deiner Unterkünfte. Es könnte dich beruhigen, dass jemand weiß, wo du bist.

Entscheidungen
Als Alleinreisender kannst du alles selbst entscheiden und musst auf niemanden Rücksicht nehmen. Im Umkehrschluss heißt das aber auch, dass du selbst entscheiden *musst*. Das bist du vielleicht nicht gewohnt, aber du kannst es lernen. Informiere dich schon vor deiner Reise darüber, was ein Land zu bieten hat, und entscheide, was davon du sehen willst – ganz unabhängig von den Erwartungen anderer.

Erinnerungen
Ja, es ist ein bisschen schade, dass du die schönen Momente nicht mit deinem Partner oder einem Freund teilen kannst und es keine gemeinsamen Erinnerungen gibt. Aber wenn dich das

vom Reisen abhält, gibt es gar keine Erinnerungen! Deshalb verreise ich lieber allein als gar nicht.

Akzeptanz

Allein zu verreisen stößt auf Unverständnis. Vor allem Frauen werden damit konfrontiert. Viele Menschen können es nicht verstehen, aber ich kann dir garantieren, dass niemand von ihnen jemals diese Erfahrung gemacht hat. Schere dich nicht darum, was Menschen denken könnten, die gar keine Ahnung haben. Unter Backpackern ist es normal, allein zu reisen. Du wirst jeden Tag Solo-Reisende treffen – darunter unzählige Frauen. Bist du erst einmal unterwegs, wirst du dich fragen, wie du dir so außergewöhnlich vorkommen konntest.

Du siehst, allein zu reisen hat viele Vorteile, und es gibt keinen Grund für die vielen Ängste. Dennoch möchte ich dich nicht von etwas überzeugen, das du gar nicht willst. Wenn du zu zweit oder in einer Gruppe verreisen möchtest und die richtigen Menschen dafür gefunden hast, dann mach das. Ein paar Tipps zum entspannten Reisen zu zweit findest du in Kapitel 9. Doch wenn du keinen Reisepartner hast, sollte dich das keinesfalls von einer Reise abhalten. Würde mich das zurückhalten, hätte ich etwa 15 Länder weniger gesehen und würde es schwer bereuen.

Was, wenn es dir nicht gefällt?

Du kannst dich ewig fragen, ob es dir gefallen wird – oder du kannst einfach losfahren und es herausfinden. Das empfehle ich dir. Du hast nichts zu verlieren. Menschen bereuen am häufigsten die Dinge, die sie *nicht* tun.

Sehr wahrscheinlich wird dir deine Reise gefallen. Die meisten Backpacker sind unterwegs glücklich. Klar, es wird nicht immer alles glattlaufen. Mal ist die Busfahrt holprig, das Bett unbequem, du musst lange warten oder bezahlst zu viel. Das passiert, du lernst daraus, und beim nächsten Mal wird es besser. Es wird Momente geben, in denen du dich unwohl fühlst. Dann solltest du etwas tun, das dir Freude macht: Telefoniere mit Freunden oder deiner Familie, lies ein Buch, fotografiere schöne Dinge, entspanne am Strand etc. Danach geht es wieder bergauf.

Wenn dir die Reise wirklich nicht zusagt, mach noch das Beste daraus. Suche dir für die restliche Zeit einen Ort, den du magst. Gefällt dir zum Beispiel das hektische Bangkok nicht, dann verzieh dich auf eine ruhige Insel, wo du den Rest des Urlaubs in der Hängematte am Strand entspannst. Dagegen hat wohl kaum jemand etwas einzuwenden. Die meisten Länder sind so vielfältig, dass es immer Alternativen gibt, die dir besser liegen. Schöner Nebeneffekt: Bleibst du länger an einem Ort, fällt der ganze Reisestress weg. Du lernst die Gegend besser kennen und kannst dich auf sie einlassen. Das allein wird dich schon entspannen.

Kommst du dann nach Hause und bist nicht so begeistert, wie du es dir erhofft hattest, machst du so schnell eben keinen Backpacker-Urlaub mehr. Das ist in Ordnung. Es gibt keine Verpflichtung, beim Backpacking glücklich zu sein. Bereuen wirst du deine Reise trotzdem nicht. Aber lass uns nicht das „Was wäre wenn"-Spiel spielen. Lass uns darüber reden, wie du einen günstigen Flug findest.

3. Transfer

So findest du preiswerte Flüge

Einen Flug zu buchen ist nicht kompliziert. Dabei nicht zu viel zu bezahlen, hingegen schon. Die meisten Reisenden kennen bei der Flugbuchung nur einen „Trick": So früh wie möglich buchen. Doch das ist nicht immer richtig und schon gar nicht das wichtigste Kriterium, um viel Geld zu sparen. Ich habe festgestellt, dass ich fast immer weniger für meine Flüge bezahle als unerfahrene Backpacker. Deshalb möchte ich dir ein paar Tipps mitgeben:

1. Nutze Flugsuchmaschinen
Ich beginne eine Flugsuche selten dort, wo ich einen Flug buchen könnte. Stattdessen nutze ich Suchmaschinen, die alle Angebote von Online-Reisebüros und Fluggesellschaften zusammenfassen. Meine liebste Suchmaschine ist Skyscanner.de. Dort beginnt für mich jede Suche. Bei teuren Langstreckenflügen vergleiche ich die Ergebnisse von Skyscanner mit einer zweiten Suchmaschine. Das ist für gewöhnlich Momondo.de. Viele Reisende schwören auf diese beiden Websites.

Häufig sind die zunächst angezeigten Preise in den Suchmaschinen nicht ganz aktuell. Den tatsächlichen Preis siehst du erst, wenn du weiterklickst. Das erleichtert die Flugsuche zwar nicht, dennoch sind Flugsuchmaschinen die beste Anlaufstelle.

2. Prüfe die Preise auf der Airline-Website
Flugsuchmaschinen zeigen häufig die Preise von Online-Reisebüros (z. B. Opodo) anstatt von Airlines. Ist das der Fall, gehe ich zusätzlich auf die Website der Fluggesellschaft und vergleiche den Preis mit dem des Reisebüros. Manchmal ist der Preis bei der Airline günstiger oder zumindest die Kreditkartengebühren sind geringer. Es kann sich also lohnen, direkt bei der Airline zu buchen.

Wenn ich die günstigsten Flugdaten gefunden habe, buche ich entweder bei der Fluggesellschaft selbst oder bei Check24. Mit diesem Online-Reisebüro habe ich gute Erfahrungen gemacht, da es bei Problemen einen telefonischen Support anbietet, während man bei anderen nur Textbausteine zugeschickt bekommt.

3. Buche deinen Flug rechtzeitig
Grundsätzlich ist es besser, einen Flug zeitig zu buchen. Später wird es tendenziell teurer. Das hängt vor allem damit zusammen, dass es für verschiedene Buchungsklassen begrenzte Kontingente gibt. Wenn das Kontingent für die billigsten Tickets ausverkauft ist, gibt es eben nur noch teurere.

Ich denke jedoch, dass das zeitige Buchen überschätzt wird. Ich buche meine Langstreckenflüge oft erst zwei bis drei Monate vor dem Abflug. Zwei Monate vor der Reise soll im Allgemeinen eine gute Zeit für Langstreckenflüge sein. Ausgenommen sind Billig-Langstreckenflieger wie Condor. Da gilt weiterhin: Je früher, desto besser – oder auf sehr kurzfristige Angebote hoffen. Letztendlich gibt es keine allgemein gültige Regel.

4. Sei flexibel bei den Flugdaten
Viel wichtiger als der Zeitpunkt der Buchung ist Flexibilität bei den Flugdaten. Es wäre ein großer Fehler, nach nur einem einzigen Abflug- und Rückflugdatum zu suchen. Der

Unterschied zwischen einem und dem nächsten Wochentag kann mehrere Hundert Euro betragen. Geld, das du besser vor Ort ausgeben könntest als für den Flug.

Sonntag, Montag und Freitag gelten als die teuersten Flugtage. Doch darauf gebe ich nicht so viel, denn im Verlauf der Jahre ändern sich solche Dinge ohnehin. Wichtig ist nur die Erkenntnis, dass der Abflugtag einen erheblichen Einfluss auf den Flugpreis hat. Demzufolge solltest du in den Suchmaschinen verschiedene Tage abfragen. Hier kommt wieder Skyscanner ins Spiel, denn dort kannst du nicht nur einzelne Tage abfragen, sondern ganze Monate! So siehst du auf einen Blick, an welchen Tagen die günstigsten Flüge abheben.

Menschen mit festen Jobs fliegen am liebsten am Wochenende, weil sie ihren Urlaub für komplette Wochen beantragen. Doch geht es wirklich nicht anders? Nicht einmal, wenn du ein paar Hundert Euro sparen kannst? Ich empfehle folgendes Vorgehen: Recherchiere den Flugpreis schon, bevor du Urlaub beantragst. Wenn sich andeutet, dass ein Flug unter der Woche deutlich günstiger ist, solltest du das beim Urlaubsantrag berücksichtigen. Vielleicht kannst du die Personalabteilung sogar mit genau diesem Argument überzeugen.

5. Sei flexibel bei Abflug- und Ankunftsort
Je nachdem, wo du wohnst, kann es sich lohnen, verschiedene Abflugorte zu vergleichen. Auch hier vereinfacht Skyscanner die Suche. Anstatt einer Stadt kannst du als Abflugort ein ganzes Land auswählen. So erhältst du eine Liste der günstigsten Abflugorte für dein Reiseziel. Das Gleiche funktioniert auch für Ankunftsorte. So kann es zum Beispiel für Mexiko einen Unterschied machen, ob du nach Mexiko-Stadt oder nach Cancún fliegst.
Natürlich musst du bei der Wahl eines weiter entfernt liegenden Flughafens bedenken, dass du dort erst hinfahren

musst. Dadurch entstehen weitere Kosten. Viele Airlines kooperieren jedoch mit der Deutschen Bahn und bieten Rail & Fly Tickets kostenlos oder kostengünstig an. Informationen darüber gibt es auf den Websites der Airlines oder bei den Online-Reisebüros. Dort kannst du teilweise sogar gezielt nach Rail & Fly Flügen suchen.

6. Fliege nicht zur Hauptreisezeit

Es gibt gewisse Tage, an denen die Auslastung von Flugzeugen besonders hoch ist. Das betrifft vor allem Feiertage, lange Wochenenden und Schulferien. Wenn es nicht unbedingt sein muss, würde ich diese Zeiten vermeiden.Vergiss auch nicht die Feiertage im Reiseland deiner Wahl. In vielen Ländern gibt es Feiertage, die sich über mehrere Tage erstrecken. Flüge und Unterkünfte können dann teurer oder gar ausgebucht sein.

7. Fliege, wenn sonst niemand fliegt

Was wäre eine Regel ohne Ausnahme? Es gibt auch Feiertage, an denen niemand fliegen möchte. Zum Beispiel Silvester. Ich bin bereits zweimal am 31. Dezember geflogen, weil der Preis so günstig war. Einer dieser Flüge war sogar beinahe leer! Auch an Heiligabend sind Flüge günstiger. Oder versuche es mal mit Freitag, dem Dreizehnten. Aber nur, wenn du keine Flugangst hast.

8. Spekuliere nicht auf Last Minute

Günstige Last-Minute-Flüge gibt es nur selten, denn die Preise sinken kurz vor Abflug grundsätzlich nicht. Airlines verdienen mehr Geld, wenn sie wenige Tickets sehr teuer verkaufen anstatt viele Tickets sehr billig. Sinkende Preise gibt es nur bei Flügen, die sehr schlecht ausgelastet sind, sodass die Airline wenigstens die Kosten decken will. Darauf würde ich jedoch nie spekulieren. Wenn du Nerven aus Stahl hast und dir das Reiseziel egal ist, findest du einen oder zwei Tage vor Abflug durchaus noch Schnäppchen. Für einen gut geplanten Backpacking-Trip eignen sich diese jedoch nicht.

9. Sei flexibel bei den Flugzeiten
Beliebte Strecken werden mehrmals am Tag geflogen, auch von verschiedenen Airlines. Darunter gibt es Uhrzeiten, die beliebt sind, und Uhrzeiten, die weniger beliebt sind. Wenn du sparen willst, solltest du dich mit unbequemeren Flugzeiten anfreunden.

10. Nutze Billig-Airlines
Ich glaube, das versteht sich grundsätzlich von selbst, zumindest in Europa. Für lange Strecken gibt es oft keine Billig-Airlines. Doch wenn du schon am anderen Ende der Welt bist und z. B. innerhalb Asiens oder Südamerikas fliegst, halte Ausschau nach den regionalen Billig-Airlines. Diese sind nicht immer in Flugsuchmaschinen gelistet. In aller Regel sind sie dennoch sicher. Wenn du Bedenken hast, recherchiere bei Google, ob es mit einer lokalen Airline in letzter Zeit einen Unfall gegeben hat.

11. Buche Hin- und Rückflug zusammen
Bei Langstreckenflügen ist es billiger, Hin- und Rückflug zusammen zu buchen. Einzelflüge kosten locker 80 Prozent des gesamten Fluges. Das lohnt sich fast nie. Ausnahmen sind Low-Cost-Carriers wie Condor.

12. Suche nach Gabelflügen
Eine besondere Art von Hin- und Rückflug sind Gabelflüge oder sogenannte Multi-Stopp-Flüge. Angenommen, du fliegst nach Hanoi in Vietnam: Dann ist es ungünstig, von dort wieder zurückzufliegen, da du am Ende der Reise in Saigon sein wirst – am anderen Ende des Landes. Entweder organisierst du dir einen Inlandsflug zurück nach Hanoi, oder du suchst von

vornherein nach einem Gabelflug. Hinflug: Berlin – Hanoi. Rückflug: Saigon – Berlin.

In den Suchmaschinen Momondo, Matrix Airfare Search und Swoodoo sind solche Suchanfragen möglich. Du kannst sogar weitere Stopps in deinen Flugplan einbauen. Gabelflüge sind nicht günstiger, aber du sparst dir einen selbst organisierten Inlandsflug, der Geld und Zeit kostet.

13. Buche den billigsten Tarif
Es ist naheliegend, dass du den billigsten Preis buchst. Allerdings musst du dabei beachten, dass die billigsten Tarife oft nur gegen hohe Gebühren umgebucht oder storniert werden können. Ist dir diese Flexibilität wichtig, musst du eventuell auf einen teureren Tarif umsteigen. Ich buche immer den günstigsten Tarif. Außerdem verzichte ich auf Rücktrittsversicherungen, die bei jeder Flugbuchung mit Aufpreis angeboten werden. Ich musste noch nie einen Langstreckenflug umbuchen, stornieren oder verfallen lassen. Außerdem greifen Reiserücktrittsversicherungen ohnehin nur in sehr wenigen Fällen, z. B. bei einer schweren Erkrankung.

14. Abonniere die Newsletter der Airlines
Viele Fluggesellschaften versenden regelmäßig Newsletter, in denen Aktionspreise beworben werden. Wenn du dich sehr zeitig über Flüge informierst, kannst du die Newsletter von Airlines abonnieren, die dein Reiseziel anfliegen. Vielleicht hast du Glück.

Wenn du dir bei der Flugbuchung ein paar Gedanken machst und einige dieser Tipps anwendest, kannst du viel Geld sparen. Ich rede hier von mehreren Hundert Euro bei einem Langstreckenflug. Es lohnt sich, ein bisschen zu recherchieren und flexibel zu sein.

Tipp: Planst du eine Langzeitreise und fragst dich, ob du ein Around the World Ticket oder besser One-Way-Flüge buchen sollst? Einen ausführlichen Artikel dazu findest du in meinem Blog unter: www.101places.de/rtw.

Tipp: Musst du bei einem Langstreckenflug umsteigen, wird das Gepäck fast immer an dein Reiseziel transferiert. Du musst es zwischendurch nicht abholen. Das gilt jedoch nur, wenn du die Flüge zusammen gebucht hast. Wenn du dir einzelne Flüge verschiedener Airlines selbst zusammenstellst, funktioniert das nicht. Frag sicherheitshalber beim Check-in am Flughafen nach, wo du dein Gepäck abholen musst.

Wie du mit Flugangst umgehst

Bis vor einigen Jahren hatte ich noch Flugangst. Lange Zeit vermied ich alle Flüge, doch damit kam ich nicht weit – im wahrsten Sinne des Wortes. Für meine Reisen stieg ich immer mal wieder ins Flugzeug, anfangs noch sehr nervös. Bei jedem kleinen Ruckeln im Flieger hielt ich mich verkrampft an den Armlehnen fest. Erst mit der Zeit nahm die Angst immer weiter ab. Je häufiger ich flog, desto entspannter wurde ich. Heute steige ich ohne Sorgen ins Flugzeug und bin nur bei starken Turbulenzen etwas angespannt. Doch selbst dann zehre ich von meinen Erfahrungen: es ist noch immer gut gegangen!

Flugangst ist nicht ungewöhnlich. Viele Menschen fühlen sich unwohl bei dem Gedanken, in 10 Kilometern Höhe um die Welt zu fliegen. Das ist normal, denn der Mensch kann ja nicht fliegen. In der Luft sind wir der Technik und zwei Piloten ausgeliefert. Deshalb haben wir Angst vor Kontrollverlust, aber auch vor dem begrenzten Platz, der

Höhe, einem möglichen Absturz und den Turbulenzen. Starke Flugangst macht sich körperlich bemerkbar, in Form von Schlaflosigkeit, Kopfschmerzen, Übelkeit, Magenkrämpfen, Durchfall, schweißnassen Händen, Herzrasen oder einer flachen Atmung. Im Extremfall fühlt man sich wie gelähmt. Für Menschen mit einer solch ausgeprägten Flugangst schreibe ich diesen Abschnitt. Du musst dich dieser Angst nicht ergeben, sondern kannst einiges gegen sie tun:

1. Setze dich mit dem Fliegen auseinander
Je mehr du übers Fliegen weißt, desto besser. Denn die Statistik ist dein Freund. Flugzeuge sind die sichersten Verkehrsmittel. Sicherer als Züge, Busse und viel sicherer als Autos. Wenn du bei Google nach „Unfallstatistik Verkehrsmittel" suchst, findest du interessante Daten des Statistischen Bundesamts für die Jahre 2005 bis 2009. In dieser Zeit waren in Deutschland pro Jahr mehr als 400.000 Menschen in Autounfälle verwickelt – aber nur sechs Menschen in Flugzeugunfälle. Dabei kam im Flugzeug kein Mensch ums Leben, bei den Autounfällen allerdings 2.500 Menschen. Diese Statistiken sind weltweit ähnlich. Jedes Jahr gibt es mehrere Millionen Flüge, aber nur ganz selten kommt es zu Unfällen.

2. Bereite dich selbst vor
Wenn es mit ein paar Statistiken nicht getan ist, kauf dir ein Buch und lerne mehr übers Fliegen. Suche bei amazon nach „Flugangst". Dort findest du eine Auswahl an passenden Büchern sowie Audio-CDs zur Selbsthypnose, die sehr gut bewertet wurden. Sofern dich deine Angst wirklich quält, sollte es diese kleine Investition wert sein.

3. Besuche ein Flugangst-Seminar
Solltest du allein nicht vorankommen, kannst du Seminare besuchen, die an vielen Flughäfen in deutschen Großstädten

durchgeführt werden. Die Lufthansa bietet Gruppenseminare über ein komplettes Wochenende an. Mit 800 Euro sind diese ziemlich teuer, es gibt aber auch kürzere und preiswertere Seminare. Suche dafür bei Google nach „Flugangst Seminar". Diese Seminare werden von Psychologen und Piloten durchgeführt. Die Profis zeigen ein Flugzeug aus der Nähe und gehen auf alle denkbaren Ängste ein. Im Rahmen der Wochenend-seminare ist ein kurzer Flug eingeschlossen.

4. Buche einen Inlandsflug
Das beste Mittel gegen Flugangst ist zu fliegen. Meine eigene Flugangst nahm mit jedem Flug ab, denn nur so konnte ich die Erfahrung machen, dass alles halb so schlimm ist. Bevor du gleich nach Südostasien fliegst, könntest du zunächst einen Inlandsflug ausprobieren. Mach einen Wochenendausflug in eine andere Stadt. Innerhalb des deutschsprachigen Raums ist man kaum mehr als 45 Minuten in der Luft. Anschließend weißt du, wie sich Fliegen anfühlt und wie du im Ernstfall reagierst. Um dein Wochenende zu genießen und dich nicht vor dem Rückflug zu fürchten, könntest du den Rückweg mit dem Zug antreten.

5. Wähle die richtige Fluggesellschaft
Jede Airline, die einen deutschen Flughafen anfliegt, ist so sicher, wie es eben geht. Daher macht es objektiv keinen Unterschied, mit welcher Gesellschaft du fliegst. Aber Angst ist nicht rational, sondern ein Gefühl. Deshalb solltest du eine Airline wählen, mit der du dich gut fühlst. Viele ältere Menschen schwören z. B. auf die Lufthansa, weil sie mit ihr aufgewachsen sind und mit ihr positive Gefühle verbinden. Das hilft gegen die Angst.

Das ist alles, was du vorab tun kannst. Besser kannst du dich nicht vorbereiten. Sobald du im Flugzeug sitzt geht es nur noch darum ruhig zu bleiben. Gezielte Atem- und

Entspannungsübungen können dir dabei helfen. Diese solltest du am besten schon einige Wochen vor deinem Flug üben, sodass du im Flieger in eine entspannte Routine übergehen kannst. Außerdem können pflanzliche Beruhigungsmittel wie Baldrian oder Johanneskraut helfen. Von verschreibungspflichtigen Medikamenten wird gemeinhin abgeraten. Falls du sie dennoch für nötig hältst, besprich deine Angst mit einem Arzt. Lass vor einem Flug in jedem Fall die Finger von Alkohol. Er trägt nicht zur Entspannung bei, sondern kann dich in der Luft erst recht in Panik versetzen. Darüber hinaus helfen auch die Ratschläge aus dem nächsten Abschnitt: Wie du lange Flüge überstehst.

Wie du lange Flüge und Fahrten überstehst

Lange Flugzeiten sind ein notwendiges Übel bei Fernreisen. Es nutzt nichts, sich darüber zu beklagen, denn es ist, wie es ist. Mit einem langen Flug musst du dich abfinden und das Beste daraus machen. Das Gleiche gilt übrigens für Busfahrten. In vielen Backpacker-Ländern wirst du viele Stunden in Bussen verbringen. Meine Erfahrung nach Jahren des Fliegens und Busfahrens: Alles geht einmal vorbei, und hinterher war es halb so schlimm. Selbst eine 22-stündige Busfahrt durch Peru habe ich überstanden. Es war nicht schön, aber als junger Mensch kann man das schon mal aushalten.

Für deine langen Flüge und Fahrten möchte ich dir einige Tipps auf den Weg geben:

- Sei rechtzeitig am Flughafen. Du hast eine lange Reise vor dir. Da schadet es nicht, wenn du eine halbe Stunde eher dort bist als notwendig. Das erspart dir einiges an Stress. Entspannt wirst du jeden Flug besser überstehen. Das gilt ebenso für viele andere Situationen auf Reisen. Egal, ob Bus, Bahn, Fähre oder ein bestelltes Taxi: Ich bin meistens überpünktlich und dadurch weniger gestresst.

- Wähle einen guten Sitzplatz. Die meisten Airlines bieten einen Online-Check-in. Wenn möglich, solltest du diesen nutzen und dabei selbst einen Sitzplatz auswählen. Den größten Sitzabstand gibt es an den Notausgängen, doch diese Sitze werden häufig erst beim Check-in am Flughafen vergeben und kosten manchmal einen Aufpreis. Die Sitzreihen bei den Toiletten solltest du meiden, da sich dort ständig Menschen aufhalten. Die besten Sitzplätze für jedes Flugzeugmodell findest du auf Seatguru.com.

- In den meisten Flugzeugen gibt es 3er-Sitzreihen. Nach Möglichkeit solltest du die Mittelsitze vermeiden – vor allem, wenn neben dir nur Fremde sitzen. Für kurze Strecken bevorzuge ich einen Fensterplatz. Auf langen Strecken wähle ich einen Gangplatz, weil ich dann selbst entscheiden kann, wann ich aufstehe, und nicht erst zwei Leute darum bitten muss, mir Platz zu machen.

- Wenn du nicht online eincheckst, kannst du auch noch am Flughafen darum bitten, einen Gangplatz – oder sogar einen Sitz am Notausgang – zu bekommen. Übrigens: Falls dir ein großer Sitzabstand besonders wichtig ist, kannst du unter www.fairliners.com/sitzabstand.html die Sitzabstände der meisten Airlines vergleichen und entsprechend versuchen, eine Airline mit komfortablen Sitzen zu buchen.

- Für einen langen Flug solltest du bequeme Kleidung wählen. Viele Fluggäste tragen Jogginghosen, aber auch eine locker sitzende Jeans ist in Ordnung. Unbequeme Schuhe würde ich bei langen Flügen ausziehen, da die Füße leicht anschwellen. Außerdem solltest du flexibel sein: Die Temperatur innerhalb des Flugzeugs kann stark schwanken zwischen ziemlich warm und ganz schön kalt. Sei auf beides vorbereitet.

- Vor allem in Bussen musst du damit rechnen, dass die Klimaanlage bis zum Anschlag aufgedreht ist. Besteige einen Fernbus nie nur mit kurzer Hose und Flip-Flops! Es kann auch heftig ziehen, nimm also einen Schal oder Kapuzenpullover mit.

- Einen zehnstündigen Flug solltest du nicht nur im Sitzen verbringen. Steh regelmäßig auf und lauf ein bisschen durch den Gang. Das tut nicht nur den Beinen gut, sondern dem ganzen Körper. Bei langen Busfahrten gibt es Pausen.

- Die Ernährung hat einen großen Einfluss auf dein Wohlbefinden. Vor einem langen Flug solltest du nicht zu schwer essen, sondern leichte Kost. Steck dir ein paar Snacks ins Handgepäck. Außerdem solltest du immer eine kleine Flasche Wasser dabeihaben, da die Luft im Flugzeug sehr trocken ist. Zwar gibt es an Bord Trinkwasser, doch es ist nicht zu jeder Zeit verfügbar. Aber Achtung: Du kannst das Wasser nicht durch die Gepäckkontrolle nehmen. Also musst du das Wasser entweder am Flughafen nach der Gepäckkontrolle kaufen, oder du nimmst eine leere Flasche mit, die du im Waschraum auffüllst.

- Lange Flüge und Fahrten vergehen schneller, wenn für Unterhaltung gesorgt ist. Nimm Bücher, Magazine oder ein elektronisches Lesegerät mit in dein Handgepäck. Auch Musik, Hörbücher und Podcasts sind eine gute Möglichkeit, dir die Zeit zu vertreiben. Bei vielen Airlines gibt es einen Bildschirm am Sitz, auf dem du Filme und Serien schauen kannst. Das Unterhaltungsprogramm ist mal besser, mal schlechter. Manchmal gibt es gar keines.

- Natürlich kannst du an Bord auch schlafen. Vor allem auf Nachtflügen solltest du es versuchen, um in deinem Rhythmus nicht völlig durcheinander zu geraten. Mir als großem Menschen (1,93 Meter) fällt es sehr schwer, in den engen Sitzen zu schlafen. Je kleiner du bist, desto eher wird es dir gelingen. Bring dafür am besten ein Nackenkissen, eine Schlafbrille und Ohrenstöpsel mit.

- Wenn die ganze Unterhaltung nichts nutzt und du nicht schlafen kannst, wird die Zeit sehr langsam vergehen. Schau trotzdem nicht ständig auf die Uhr. Das macht es nur schlimmer.

- Die Luft ist trocken, und in einem Flugzeug herrscht ein anderer Umgebungsdruck als am Boden, daher ist man beim Fliegen etwas anfälliger für Kopfschmerzen. Wenn es mich erwischt, bin ich sehr froh, Kopfschmerzmittel im Handgepäck zu haben.

- Die trockene Luft im Flugzeug sorgt für spröde Lippen und ausgetrocknete Haut. Wenn du dafür anfällig bist, steck dir am besten Creme und Lippenbalsam ein.

Sollte dir bei langen Busfahrten schlecht werden, nimm vor der Fahrt eine Reisetablette ein. Das betrifft insbesondere Strecken durch die Berge. Ich bin zwar nicht sehr anfällig, aber nach stundenlangen Serpentinenfahrten ist auch mir übel.

So überwindest du den Jetlag

Hast du den langen Flug überstanden, kommt die nächste Herausforderung: Jetlag. Du musst dich an eine neue Zeitzone gewöhnen. Nach einem langen Flug stimmen Tag und Nacht nicht mehr mit unserem Biorhythmus überein. Als ich vor einigen Jahren von meinen ersten Fernreisen zurückkehrte, hatte ich häufig mit Jetlag zu kämpfen. Besonders wenn ich aus Nord- oder Südamerika kam. Trotzdem muss ein Jetlag nicht gleich dein ganzes Leben auf den Kopf stellen. Wenn du dich an ganz einfache Regeln hältst, kommst du schnell in den neuen Rhythmus.

Bei den Auswirkungen von Jetlag möchte ich zunächst zwei Unterscheidungen treffen:
1. Flug in den Urlaub vs. Flug nach Hause
2. Flug von Westen nach Osten vs. von Osten nach Westen

Wenn ich in den Urlaub fliege, empfinde ich Jetlag nie als ein ernsthaftes Problem, egal in welche Richtung ich fliege. Unterwegs kann ich mir meine Zeit selbst einteilen. In den ersten Tagen lasse ich es langsam angehen und stresse mich nicht mit Terminen. So kann ich beispielsweise etwas früher ins Bett gehen oder länger schlafen. Und vor allem richte ich mich sofort nach der neuen Zeitzone aus! Etwas schwieriger wird es nach der Heimreise, da ich mir die Zeit nicht immer selbst einteilen kann. Ich habe Verpflichtungen, die mich in einen festen Zeitplan zwingen.

Entscheidend ist in diesem Fall die Flugrichtung. Flüge von Ost nach West sind leichter zu verkraften als West-Ost-Flüge. Aus dem Westen kommend wird der Tag verkürzt. Damit kommt der Körper weniger gut zurecht als mit verlängerten Tagen. Denn kürzere Tage bedeuten, früher schlafen zu gehen als der Körper es gewohnt ist. Das ist unangenehmer, als länger wach zu bleiben (denn dazu kann man sich ja zwingen).

Wenn ich von einer USA-Reise zurückkehre, neigt mein Körper grundsätzlich dazu, am späten Abend noch hellwach zu sein, da die innere Uhr noch nicht auf Schlafen eingestellt ist. Das kannst du jedoch ziemlich schnell überwinden, wenn du ein paar Ratschläge befolgst:

1. Nimm am Leben in der neuen Zeitzone teil
Richte dein Leben sofort nach der neuen Zeitzone aus. Nimm am Leben in dem Land teil, in dem du gerade angekommen bist. Iss und schlafe zu ortsüblichen Zeiten. Bleib nicht bis vier Uhr in der Nacht auf. Damit verschleppst du den Jetlag um mehrere Tage. Vor allem solltest du kein Nickerchen mitten am Tage machen! So wird es nur schlimmer. Bringe den Tag irgendwie zu Ende und gehe zu einer normalen Zeit schlafen.

2. Halte dich im Tageslicht auf
Wenn deine innere Uhr auf Nacht eingestellt ist, es draußen aber taghell ist, halte dich im Tageslicht auf. Deinem Körper wird dieses Signal helfen, sich besser auf die neue Zeitzone einzustellen.

3. Treibe Sport

Wenn du aus dem Westen kommst und schon ahnst, dass du am Abend nicht einschlafen kannst, dann treibe Sport. Die Bewegung und die frische Luft sorgen dafür, dass du am Abend müde bist. Aber übertreibe es nicht. Dein Körper ist durch die Reise schon angestrengt.

4. Schlafe nicht (zu viel) im Flugzeug

Es wäre so schön, den ganzen Flug durchzuschlafen. Aber deinen Jetlag wird das nur verstärken. Ich kann in Flugzeugen ohnehin nicht gut schlafen, daher ist das für mich kein Problem. Wichtig ist, wann dein Flug ankommt. Erreichst du Deutschland am frühen Morgen, schadet es weniger, wenn du im Flugzeug geschlafen hast. Kommst du erst viel später an, wirst du am Abend große Probleme beim Einschlafen bekommen – vor allem wenn du aus dem Westen anreist.

5. Passe dich schon vor der Heimreise an

Wenn du dich vor dem Jetlag fürchtest, könntest du dich schon vor der Heimreise an die neue Zeitzone annähern. Bei einem West-Ost-Flug solltest du einfach etwas früher ins Bett gehen und etwas früher aufstehen. Dadurch musst du am Tag des Rückflugs nicht mehr so viele Stunden Zeitunterschied überbrücken.

Das ist es auch schon. Auf Schlafmittel würde ich grundsätzlich verzichten. Das Wichtigste ist Disziplin und am Tagesgeschehen teilzunehmen.

Übrigens, der beste Tipp, um Jetlag bei Fernreisen zu vermeiden: Fliege nicht nach Westen oder Osten, sondern in den Süden. Zum Beispiel nach Südafrika. Die Zeitverschiebung zu Deutschland beträgt dort lediglich eine Stunde.

Entspannt ankommen

In den ersten Tagen ist alles ungewohnt und neu: Du verstehst die Sprache nicht, die Menschen verhalten sich anders, das Essen ist dir unbekannt, du wirst von neuen Gerüchen verfolgt, der Standard deiner Unterkunft ist gewöhnungsbedürftig, und mit der neuen Währung musst du auch erst mal zurechtkommen. Vermutlich bist du in einer großen Stadt gelandet. Dort herrscht ein etwas verrückter Verkehr, Gewusel, es ist laut und etwas dreckig vielleicht auch. Außerdem bist du müde von der langen Reise, und die Hitze macht dir zu schaffen. Alles für sich genommen, ist es nicht der Rede wert. Alles auf einmal kann hingegen überwältigend wirken. Doch das muss es nicht.

Auf diesen Kulturschock kannst du dich vorbereiten. Lies in Reiseführern oder im Internet darüber, was dich kulturell erwartet. Das wird dir helfen, dich darauf einzustellen und schon vorab mehr Verständnis zu entwickeln.

Vor Ort lässt du es dann ruhig angehen! Wenn du nicht gerade sofort die Stadt verlassen willst, nimm dir lieber ein oder zwei Tage mehr, um dich zu akklimatisieren. Lass dir in der Unterkunft auf einer Karte zeigen, was es in der näheren Umgebung gibt. Laufe entspannt herum, und erkunde die Gegend mit ihren Shops, Restaurants und Sehenswürdigkeiten. Setze dich nicht unnötig unter Druck. Es ist in Ordnung, dich in ein Café zu setzen, ein Buch zu lesen und die Menschen zu beobachten. Nutze diese Ruhe, um dir anzuschauen, wie alles um dich herum funktioniert.

Zur Eingewöhnung solltest du für einen kurzen Ausflug die gängigen Verkehrsmittel nutzen: z. B. Bus, Taxi oder Tuk Tuk. Willst du weiter weg, buche in der Unterkunft oder in einem Reisebüro zunächst eine geführte Tour. Während des Ausflugs oder auch im Hostel hast du die Gelegenheit, Kontakt zu anderen Reisenden aufzunehmen. Halte dich dort im

Gemeinschaftsbereich auf, wo auch andere sind. Das schafft eine etwas vertrautere Atmosphäre.

Von Ort zu Ort reisen

Anders als Pauschalreisende bleiben Backpacker nicht nur an einem Ort. Sie erkunden ein Land auf eigene Faust. In den beliebten Reiseländern gibt es eine gute Infrastruktur, die du problemlos nutzen kannst. Folgendermaßen wirst du von Ort zu Ort reisen:

1. Flugzeug
Große Strecken kannst du mit Inlandsflügen überbrücken. In den meisten Ländern gibt es einige Flughäfen. Trotz der oft günstigen Preise sind Flüge immer deutlich teurer als Busfahrten – vor allem, wenn du auch noch den Transfer zum und vom Flughafen einrechnest. Daher sind Flüge nur sinnvoll, um sich extrem lange Busfahrten zu ersparen. In riesigen Ländern wie Argentinien, Brasilien, Mexiko oder Australien lässt es sich manchmal nicht vermeiden, wenn man nicht unbegrenzt viel Zeit hat.

Air France Maschine in Berlin Tegel

Flugtickets kannst du im Internet buchen. Regionale Billig-Airlines sind nicht immer in Flugsuchmaschinen gelistet. Daher solltest du die gängigen Fluggesellschaften eines Landes recherchieren (z. B. im Reiseführer) und deren Websites aufsuchen. Teilweise funktionieren diese jedoch nicht fehlerfrei, dann kannst du das Ticket alternativ auch im lokalen Reisebüro buchen.

2. Zug

Unterwegs wirst du voraussichtlich nicht oft mit dem Zug fahren, es sei denn, du legst es darauf an. Auch wenn bei uns viel auf die Bahn geschimpft wird: Wir sind verwöhnt. Kaum ein Land verfügt über ein so gutes Schienennetz wie wir. Außerhalb Europas spielen Züge bis auf einige Ausnahmen bei deiner Reiseplanung keine große Rolle.

Bahnhof in Ninh Binh, Vietnam

Eine dieser Ausnahmen ist Vietnam. Dort kannst du die gesamte Strecke zwischen Hanoi und Saigon auf Schienen zurücklegen. Auch in anderen Ländern Südostasiens sowie in Indien gibt es auf einigen Abschnitten Zugverkehr. Doch im Zweifel würde ich einen Bus vorziehen, denn diese sind meist wesentlich bequemer, und sie fahren viel mehr Ziele an.

Zug in Richtung Machu Picchu, Peru

Zugtickets kannst du an Bahnhöfen kaufen, in Reisebüros und manchmal im Internet. Ich würde ein Ticket immer ein oder zwei Tage vorher buchen. Bei besonderen Wünschen (Schlafkabine oder 1. Klasse) auch noch früher. Eine gute Informationsquelle für weltweite Zugverbindungen ist Seat61.com.

3. Fernbus

Backpacker reisen vor allem in Bussen. In jedem touristisch gut erschlossenen Land findest du ein Netz an Fernbussen vor. Oftmals sind diese bequemer, als wir es aus Europa kennen. Bequeme Sitze mit großem Sitzabstand, Toiletten und sogar Snacks an Bord sind in den besten Klassen durchaus üblich. Für gewöhnlich kannst du zwischen verschiedenen Klassen wählen. In Thailand sind selbst die teuersten Busse billig. Für 5 Euro kannst du dort mehrere Hundert Kilometer in der VIP-Klasse zurücklegen. Das Preis-Leistungs-Verhältnis bei Busfahrten ist kaum irgendwo besser als dort. Auch im Rest Südostasiens sind Busfahrten bequem und preiswert. Die besseren Busse wirst du dir dort vor allem mit anderen Backpackern teilen.

Etwas teurer wird es in Lateinamerika, doch − abgesehen von den ärmsten Ländern − ist die Qualität der Busse sehr gut. Die Einheimischen sind dort in den Bussen in der Überzahl.

Auch in Australien, Neuseeland oder Südafrika wirst du vermutlich Bus fahren, wenn du nicht gerade ein Auto hast. Dort gibt es Buslinien, die sich vor allem an Backpackern orientieren. Entsprechend attraktiv sind die Angebote: Häufig kannst du Rundreisetickets für das gesamte Land buchen.

Du solltest dich in jedem Fall an den Gedanken gewöhnen, bei deiner Reise einige Busfahrten zu erleben. Oft sind es nur wenige Stunden, manchmal wirst du aber ganze Nächte in Bussen verbringen. Das gehört zum Backpacker-Alltag dazu. Selbst Strecken, die auf der Karte nicht sehr lang wirken, können viele Stunden dauern, da das Verkehrsnetz nicht so gut ausgebaut ist wie in Europa. Deutsche Autobahnen ohne Geschwindigkeitsbegrenzung gibt es erst recht nicht. Meine längste Busfahrt dauerte 22 Stunden. Vor allem in Südamerika kommt das vor.

Einfacher Reisebus in Laos

Busfahren funktioniert überall anders. Am leichtesten empfinde ich es in Südostasien. Dort kannst du ein Busticket einen Tag vor der Fahrt in deiner Unterkunft organisieren. Häufig hängen dort sogar Busfahrpläne aus. Oft wirst du von dort ohne Aufpreis abgeholt und zum Bus gebracht. Leichter geht es nicht! Alternativ geht es auch über eines der vielen Reisebüros oder am Busbahnhof (falls es einen gibt).

In mexikanischen Städten hingegen gibt es meist einen zentralen Busbahnhof. Dort kannst du entweder hinlaufen oder ein Taxi nehmen. Tickets kaufst du vor Ort (meistens wenige Minuten vor der Abfahrt) oder im Internet. Wieder anders ist es in Peru, wo jede Busgesellschaft ihren eigenen Busbahnhof hat. So musst du dich vorher informieren, welche Buslinie am besten zu deinem Reiseplan passt. Diese Liste könnte ich lange fortführen. In jedem Land funktioniert es etwas anders, aber im Großen und Ganzen ist es leicht. Millionen Menschen reisen in diesen Ländern jeden Tag in Bussen.

VIP-Bus in Thailand

Deinen Rucksack gibst du meistens ab, sobald du in den Bus steigst. Häufig erhältst du dafür eine Quittung, die du nach der Ankunft wieder vorzeigst. Leider gibt es die nicht überall. Achte auch darauf, dass dein Rucksack in den Bus eingeladen wird und nicht noch auf der Straße liegt, wenn du einsteigst. In einigen Fällen gibst du den Rucksack schon am Bus-Terminal ab. Dann erhältst du in jedem Fall eine Quittung.

Busfahren ist immer leicht und günstig. Wie genau es abläuft, erfährst du in jedem Reiseführer oder in deiner Unterkunft. Die ersten Fahrten sind ziemlich spannend, später wird es zur Routine.

4. Minibus
Auf weniger beliebten Strecken fahren nicht immer Fernbusse. In manchen Regionen (z. B. Guatemala oder Bali) gibt es auf nur sehr wenigen Strecken Fernbusse. In solchen Fällen sind Minibusse (oft auch als Minivans oder Shuttles bezeichnet) eine gute Alternative. Diese buchst du in deiner Unterkunft oder in Reisebüros.

Minibus in Thailand

Minibusse sind einerseits bequem, weil du von deiner Unterkunft abgeholt und in der Regel am Ort deiner Wahl abgesetzt wirst. Auf der anderen Seite können sie sehr unangenehm werden, wenn sie voll besetzt sind. Vor allem für große Menschen sind sie ungemütlich – doch manchmal führt kein Weg an ihnen vorbei.

5. Mietwagen
In einigen Ländern bist du mit einem Mietwagen gut beraten. Ich denke dabei vor allem an Australien, Neuseeland, Südafrika sowie die USA und Kanada. Diese Länder sind wie gemacht für einen Road Trip! Ein Mietwagen ist zwar nie ein Muss, denn es geht auch immer ohne. Aber eine gewisse Flexibilität ist viel wert. Ohne Auto kannst du sonst nie von der Backpacker-Route abweichen, und in diesen Ländern lohnt sich das. Außerdem musst du ohne eigenes Auto vor Ort hohe Kosten für Taxifahrten in Kauf nehmen, wenn die öffentliche Verkehrsanbindung zu wünschen übrig lässt (das trifft vor allem auf Südafrika, die USA und Kanada zu).

Mein Mietwagen in Südafrika

In den ärmeren Backpacker-Ländern sind Mietwagen jedoch ungewöhnlich. Orte, die du mit Zügen, Bussen oder im Rahmen von organisierten Touren nicht erreichen kannst, sind in der Regel nicht gut entwickelt. Dort gibt es für Touristen nichts zu sehen – außer dem „wahren Leben", falls du es darauf abgesehen hast.

Einen Mietwagen kannst du weltweit online reservieren. Ich nutze dafür Buchungsportale wie Billiger-Mietwagen.de oder RhinoCarHire.com. Diese Plattformen vermitteln deine Buchung an die gängigen Verleiher wie Avis, Hertz & Co. Das ist häufig billiger, als das Auto direkt beim Vermieter zu reservieren. Achte nicht nur auf den Mietpreis, sondern auch auf Zusatzkosten für Einwegmieten, Navigationsgeräte, zusätzliche Fahrer oder junge Fahrer. Häufig zahlt man unter 24 Jahren einen Zuschlag. Wenn du noch nie ein Auto gemietet hast, gibt es viele kleine Dinge, an die du denken solltest. Einen ausführlichen Text zur Mietwagenbuchung findest du bei mir im Blog: www.101places.de/mietwagen.

Sonderfall: In Australien und Neuseeland sind Campervans bei Backpackern sehr beliebt. Diese Mini-Wohnmobile dienen als Fahrzeug und gleichzeitig als Schlafplatz. Wer länger als zwei Monate bleibt, kauft sich einen Campervan, anstatt ihn zu mieten. Das gilt auch für Autos. Angebote findest du auf entsprechenden Online-Marktplätzen in den jeweiligen Ländern.

Campervan in Australien

6. Mitfahrgelegenheit

Wenn du nicht selbst Auto fahren möchtest, nimmt dich vielleicht jemand mit. Für solche Mitfahrgelegenheiten gibt es in westlichen Ländern Internetplattformen. Auch in Hostels hängen oft Zettel aus. Zwar kannst du in der Regel nicht kostenlos mitfahren, aber es ist wesentlich günstiger, als ein eigenes Auto zu kaufen oder zu mieten.

Zudem gibt es die Möglichkeit, den Daumen herauszustrecken und per Anhalter zu fahren. Das ist nicht meine favorisierte Art des Reisens, doch immerhin ist sie sehr budgetfreundlich. In armen Ländern ist es ungewöhnlich und nicht zu empfehlen. Gängiger ist es z. B. in Neuseeland. Dort ist das Trampen erlaubt und funktioniert ziemlich gut.

7. Fähre

Inseln lassen sich auf dem Landweg nicht erreichen. Große Distanzen wirst du wohl fliegen. Für kürzere Strecken gibt es Fähren. Ob in Mexiko, Thailand, Malaysia, Südafrika oder

Australien: Mit Fähren habe ich bisher nur gute Erfahrungen gemacht. Häufig handelt es sich dabei um Boote mit etwa 100 Sitzplätzen. Es gibt aber auch große Schiffe, auf denen du sogar deinen Mietwagen transportieren kannst (Australien, Neuseeland). Die meisten Fahrten dauern kaum länger als zwei oder drei Stunden, oft sogar weit weniger.

Für die kleineren Fähren erhältst du Tickets direkt am Pier oder bereits in deiner Unterkunft – dann oft in Kombination mit einem Transfer zum Pier. Hast du ein Auto dabei, solltest du das Ticket vorher im Internet buchen.

Fähre in Thailand

Sonderfall: Für weite Strecken gibt es in einigen Ländern Schnellboote. Diese sind teurer, aber eben auch schneller. Informiere dich vorher, ob die Schnellboote wirklich sicher sind. In manchen Regionen gleicht eine solche Fahrt eher einem Abenteuer. Suche bei Google nach deinem Zielort und „speed boat". So findest du Erfahrungsberichte anderer Backpacker.

Kurze Strecken zurücklegen

Wenn du es von einem Ort zum nächsten geschafft hast, bleibt noch die Frage, wie du innerhalb eines Ortes kurze Strecken zurücklegen kannst. Diesen Optionen widme ich mich in diesem Abschnitt:

1. Flughafentransfer
Nach deiner Ankunft in einem neuen Land steht der zunächst wichtigste Transfer an: vom Flughafen zu deiner Unterkunft. In einigen Städten gibt es viele Optionen, in anderen nur wenige. Darüber solltest du dich schon vor der Anreise informieren. Transferinformationen findest du immer auf der offiziellen Website des Flughafens und im Reiseführer.

Flughäfen in Metropolen sind häufig an das Bus- oder Metronetz angeschlossen. Diese sehr preiswerten Möglichkeiten nutze ich nur, wenn ich tagsüber ankomme. In einigen Ländern gibt es Shuttles für Touristen. Diese fahren dich oft bis vor die Hoteltür. Wenn gar nichts anderes geht: Taxis gibt es immer. Informiere dich am besten schon vor deiner Anreise, was eine Fahrt vom Flughafen in die Stadt kosten sollte. Häufig kannst du schon im Flughafen-Terminal ein Taxiticket zum Festpreis kaufen. Damit wird verhindert, dass Touristen gleich nach ihrer Ankunft abgezockt werden. Taxis sind immer die teuerste Alternative, aber vor allem in Südostasien reden wir selbst bei längeren Fahrten nur von wenigen Euro.

Tipp: Viele Unterkünfte bieten einen Flughafentransfer an. Oft gegen einen Aufpreis, manchmal sogar kostenlos. Informiere dich auf der Website der Unterkunft, um die Abholung zu vereinbaren. Es ist schön, wenn nach einer langen Anreise jemand am Flughafen auf dich wartet.

2. Metro

Ein Metronetz gibt es nur in den Metropolen dieser Welt. Wenn es eine Metro gibt, nutze ich sie sehr gern, da sie günstig ist, alle paar Minuten fährt und man sich an dem Schienennetz gut orientieren kann. Bevor ich zum ersten Mal einsteige, besuche ich die Website der Metro, schaue mir das Schienennetz an und informiere mich darüber, wie die Bezahlung funktioniert. Bislang habe ich mich in keiner Metro unwohl gefühlt – einschließlich der in Mexiko-Stadt. In weniger sicheren Ländern fahre ich trotzdem nur tagsüber Metro.

3. Bus

Innerstädtische Busse gibt es überall auf der Welt. Aber nicht immer sind die Busnetze für Touristen nützlich.

Linienbus in Kapstadt

Ich finde es schwierig, in dem Wirrwarr der Buslinien durchzublicken. Bushaltestellen mit einem ausgeschriebenen Fahrplan gibt es kaum. Es kann gut sein, dass deine Zeit als Urlauber nicht ausreicht, um dich an ein Busnetz zu gewöhnen. Ich nutze lokale Busse daher selten. Wenn doch, informiere ich mich im Hostel über die Fahrpläne.

4. Taxi

In westlichen Ländern meide ich Taxis aufgrund der hohen Preise. In Südostasien, Lateinamerika und Südafrika hingegen gehören Taxifahrten für Backpacker zum Alltag. Für wenige Euro kannst du dich von einem Ende der Stadt zum anderen fahren lassen. Manche Reisende buchen ein Taxi gleich für den ganzen Tag. So richtig lohnen sich Taxis erst ab zwei Passagieren. Drei oder vier machen eine Taxifahrt zum wahren Schnäppchen.

Ein Taxi in Mexiko

Du musst darauf gefasst sein, dass kaum ein Taxifahrer freiwillig das Taxameter einschaltet. Du solltest also entweder darauf bestehen oder einen individuellen Preis aushandeln – und zwar, bevor du einsteigst! Steht der Preis nicht fest, gibt es später Ärger. Dafür solltest du wissen, welche Preise üblich sind. Ich habe schon oft zu viel bezahlt, weil ich nicht wusste, was eine Taxifahrt für gewöhnlich kostet. Manchmal kann man sich gar nicht vorstellen, wie billig etwas ist. Anhaltspunkte findest du in vielen Reiseführern. Auch in deiner Unterkunft kannst du dich erkundigen, was ein angemessener Preis für eine Taxifahrt ist.

Zu deiner eigenen Sicherheit solltest du nur in registrierte Taxis einsteigen. In einigen Ländern gibt es inoffizielle Taxis, die hin und wieder in Diebstahl, Raub und Abzocke verwickelt sind. Informiere dich vorher im Reiseführer oder bei Einheimischen, woran du ein offizielles Taxi erkennst.

Sonderfall: In manchen Ländern entwickelt sich Uber (www.uber.com) zu einer guten Alternative für Taxis. In Südafrika habe ich Uber häufig genutzt, da diese Fahrzeuge mit privaten Fahrern billiger und sicherer sind als Taxis und per Smartphone-App bestellt werden können.

5. Sammeltaxi
Wenn dir ein Taxi zu teuer ist, nutze ein Sammeltaxi. Die findest du in vielen Ländern Lateinamerikas, wo sie meist „Colectivo" genannt werden, aber auch in Asien, wo sie zum Beispiel „Songthaew" (Thailand) heißen. Sammeltaxis sind Fahrzeuge, die mehrere Fahrgäste von einem Ort zum anderen bringen. Es gibt nur eine grobe Route. Die genaue Strecke hängt von den Fahrgästen ab. Solche Sammeltaxis können ziemlich voll werden und fahren oft erst los, wenn genügend Gäste eingestiegen sind. Auf diese Weise kannst du unmittelbar am Alltag der Einheimischen teilhaben. Für kurze Strecken finde ich Sammeltaxis ideal, solange du dem Fahrer klarmachen kannst, wohin du fahren möchtest. Lass dir vor der Fahrt den Preis nennen. Der ist abhängig von der Distanz, die du zurücklegen möchtest, und meist keine Verhandlungssache. Bezahlt wird am Ende der Fahrt.

Sammeltaxi (Colectivo) in Mexiko

6. Motorradtaxi

In einigen Ländern gibt es Motorradtaxis, zum Beispiel in Vietnam. Dort spielt sich ohnehin fast der gesamte Straßenverkehr auf zwei Rädern ab. Anstatt in ein Auto zu steigen, setzt du dich beim Fahrer hinten auf das Motorrad und wirst zum Ziel gebracht. Das ist nicht ganz ungefährlich. Mit einem Motorradtaxi fahre ich deshalb nach Möglichkeit nur, wenn ich keinen großen Rucksack auf dem Rücken habe. Manchmal ist es aber die einzig sinnvolle Transportmöglichkeit, mit der man jeden Stau umfahren kann. Außerdem sind Motorradtaxis sehr preiswert.

7. Tuk Tuk

Tuk Tuks sind kleine Taxis mit drei Rädern – eine Mischung aus Motorroller und Auto. Sie bieten Platz für zwei bis drei Personen. Tuk Tuks sind besonders in Südostasien weit verbreitet, aber auch in Lateinamerika findest du sie. Tuk Tuks sind laut und ein bisschen aufregend. Im Großstadtverkehr sind sie flexibler als Taxis, und vor allem sind sie billiger. Der Preis ist immer Verhandlungssache.

Tuk Tuk in Thailand

8. Motorroller mieten

Miete dir selbst einen Motorroller, und lass dir die Freiheit um die Nase wehen. Ein eigener Roller ist ideal, um die Gegend ganz flexibel zu erkunden – und es macht sehr viel Spaß. Vor allem in Thailand und auf Bali ist das üblich.

Wer noch nie auf einem Motorroller gesessen hat, mag die Vorstellung als beängstigend empfinden. Manch einer glaubt, dass er das nicht könne. Mach dir da keine Sorgen! Jeder kann Rollerfahren. Die meisten Roller haben ein Automatikgetriebe. Das heißt, du musst nichts machen, als Gas zu geben und zu bremsen. Das ist leichter als Fahrradfahren. Einen Motorradführerschein brauchst du nicht.

Bei der Vermietung will niemand deinen Autoführerschein sehen. Nur für Polizeikontrollen solltest du ihn dabei haben. Im Idealfall besorgst du dir vor der Reise einen Internationalen Führerschein bei deiner örtlichen Führerscheinstelle. Der kostet etwa 15 Euro und ist drei Jahre gültig.

In touristischen Gegenden gibt es an jeder Straßenecke jemanden, der dir einen Motorroller vermieten möchte. Je nach Land und Region kostet das zwischen drei und sechs Euro am Tag. Innerhalb weniger Minuten kannst du einen Roller mitnehmen, musst allerdings häufig deinen Reisepass als Pfand abgeben. Das habe ich einige Male gemacht, aber ein flaues Gefühl bleibt. Wenn du in einem Gästehaus wohnst, frage besser dort nach. Viele Gästehäuser vermieten an ihre Gäste einen Roller. Dann wird auf den Pfand meistens verzichtet.

Motorroller in Thailand

Falls du dir vorstellen kannst einen Motorroller zu mieten, findest du in meinem Blog weitere Informationen, worauf du dabei achten musst: www.101places.de/roller.

9. Fahrrad mieten
Häufig gibt es die Möglichkeit, ein Fahrrad zu leihen. Vor allem in kleineren Orten, wo die Sehenswürdigkeiten etwas abseits des touristischen Zentrums liegen. Die Qualität der Fahrräder ist sehr unterschiedlich. Meistens sind sie abgenutzt, aber günstig. Wenn du gezielt eine Mountainbike-Tour buchst, sind die Fahrräder in der Regel besser. Schau dir allerdings vor der Fahrt die Verkehrsverhältnisse in der Region an. Ich fahre gern Fahrrad, würde es aber nicht überall tun, denn Radwege gibt es selten und häufig sind die Straßen schmal. Das ist nicht ganz ungefährlich, vor allem im Dunkeln.

10. Laufen

Ja, das geht auch. Die meiste Zeit erlaufe ich mir einen Ort. Wenn dir eine Gegend noch fremd ist und du dich nicht auskennst, gibt es nichts besseres, als ein paar Stunden umherzulaufen und dir alles selbst zu erschließen. Ein langer Spaziergang ist die ideale Möglichkeit, nicht nur einige Straßen kennenzulernen, sondern sich mit dem Ort und seiner Kultur vertraut zu machen. Aber mach dich darauf gefasst, dass du als Fußgänger ständig angesprochen wirst. In Asien scheint es unvorstellbar, freiwillig zu Fuß zu gehen, wenn man sich ein Fahrzeug leisten kann. Daher bekommt man ständig ein Taxi angeboten.

4. Unterkünfte

So findest du eine Unterkunft

Viele Backpacking-Einsteiger haben keine Vorstellung davon, wie man in einem fernen Land eine gute Unterkunft findet. Dabei ist es leichter, als du denkst. Wie das funktioniert, erfährst du in diesem Kapitel.

Nicht jedes Land ist gleich. Der Standard der Unterkünfte ist von Region zu Region unterschiedlich. Auch wie man ein Zimmer findet und reserviert, ist nicht immer gleich. Aber im Wesentlichen funktioniert es folgendermaßen:

1. Buchungsportale
Heute gibt es einige Buchungsportale, die in nahezu jedem Land eine sehr gute Auswahl bieten. So ist es in fast jedem touristisch erschlossenen Ort der Welt möglich, ein Zimmer schon vorab im Internet zu buchen. Dafür brauchst du lediglich Zugang zum Internet und eine Kreditkarte. Auf den nächsten Seiten werde ich dir einige konkrete Portale vorstellen.

2. Empfehlungen im Internet
Darüber hinaus findest du Empfehlungen von Reisenden bei Tripadvisor.de. Nicht jede Unterkunft wird dort aufgeführt, doch es fehlt kaum eine der beliebteren. Diese Bewertungen musst du jedoch mit etwas Vorsicht genießen. Um ein Gefühl für die Qualität einer Unterkunft zu bekommen, kannst du dich nicht nur auf die Anzahl der Sterne verlassen, sondern solltest

einige Bewertungen tatsächlich lesen. Oft stellt sich heraus, dass über Probleme gemeckert wird, die für dich gar keine sind. Übrigens: Tripadvisor gibt es auch als Smartphone-App.

3. Reiseführer

In jedem Reiseführer findest du zahlreiche Empfehlungen. Wenn du keinen Internetzugang hast, ist das eine gute Alternative. Allerdings werden häufig unnötig teure Unterkünfte empfohlen, die weit über dem Budget von Backpackern liegen. Im Internet findest du günstigere Alternativen. Außerdem ist auf die Empfehlungen nicht immer Verlass. Bei vielen Unterkünften lässt die Qualität stark nach, sobald sie in einem großen Reiseführer erwähnt werden – denn die Touristen kommen nun so oder so. Zwischen der Recherche des Autors und meiner Reise können mehrere Jahre liegen. Daher richte ich mich nur noch selten nach Reiseführern.

4. Blogs

Immer mehr Reisende informieren sich in Blogs. Dort finden sie vor allem Tipps für Sehenswürdigkeiten. Einige Blogger erwähnen allerdings auch die Unterkünfte, in denen sie übernachtet haben. Wenn der Blogger ähnlich reist wie du, sind das oft die nützlichsten Empfehlungen. Die Recherche ist jedoch aufwendig, und du musst darauf achten, dass der Artikel noch aktuell ist.

5. Empfehlungen von Reisenden

Vor Ort wirst du Backpacker treffen, die in die entgegengesetzte Richtung reisen. Das heißt, sie waren schon in Orten, die du noch besuchen wirst. Häufig werden in solchen Gesprächen Tipps ausgetauscht. Dabei kannst du richtige Perlen finden. Allerdings solltest du darauf achten, dass diese Leute einen ähnlichen Reisestil bevorzugen wie du.

Wenn du Ruhe suchst, ist die Empfehlung eines Party-Backpackers nicht wertvoll.

6. Suche vor Ort

In vielen Ländern kannst du deine Unterkünfte einfach vor Ort suchen. Das funktioniert in einigen Gegenden sehr gut, in anderen nicht so gut. In den beliebten Orten Südostasiens findest du problemlos ein schönes Gästehaus oder ein Hostel. Dafür musst du kaum länger als zwei Minuten laufen. An der Rezeption kannst du darum bitten, ein Zimmer gezeigt zu bekommen. Gefällt dir die erste Unterkunft nicht, gehst du eben zur nächsten. Das ist nicht ungewöhnlich! Wenn deine Ansprüche nicht zu hoch sind, wirst du schnell fündig. Auf diese Weise findest du mit Sicherheit auch die preiswertesten Unterkünfte, da viele von denen nicht in Buchungsportalen und auch in keinem Reiseführer gelistet sind.

In Lateinamerika funktioniert das grundsätzlich auch. Ich bevorzuge allerdings, eine Unterkunft im Internet zu buchen, da die Preisunterschiede größer sind als in Südostasien und es so eine Weile dauern kann, bis ich eine günstige Unterkunft finde.

Vorher buchen oder nicht?

Es ist schon fast eine Glaubensfrage: Soll ich meine Unterkunft im Internet buchen oder sie erst vor Ort suchen? Das lässt sich nicht pauschal beantworten, aber ich empfehle dir: Mach es so, dass du dich wohl fühlst. Wenn du Sorge hast, keine Unterkunft zu finden, dann buche das Zimmer ein paar Tage vorher im Internet oder per Telefon. Das nimmt dir diese Angst, und du kannst entspannter reisen. Es reicht oft schon, die Unterkunft nur für die ersten ein oder zwei Nächte zu reservieren. Dann bist du nach deiner Ankunft versorgt und kannst später verlängern, wenn dir die Unterkunft gefällt.

Wenn nicht, hast du Zeit, um dir vor Ort etwas anderes zu suchen. Die meisten Betreiber von Backpacker-Unterkünften sind sehr flexibel. Sie sind es gewohnt, dass jeden Tag Leute hereinspaziert kommen und dass diese sich selten länger als für einen Tag festlegen.

Ein Vorteil der Suche vor Ort: Du kannst dir das Zimmer vorher genau anschauen, bevor du dich entscheidest und bezahlst. Buchst du online, bist du schon eine kleine Verpflichtung eingegangen.

Im Allgemeinen mache ich die Entscheidung von den Umständen abhängig. In den folgenden Situationen buche ich immer im Voraus:

- **In Großstädten:** Ich habe keine Lust, durch eine Millionenstadt zu irren, um dort Unterkünfte zu suchen, zumal die Qualitäts- und Preisunterschiede dort besonders groß sind.

- **Bei Ankunft am Abend:** Wenn ich weiß, dass der Flug oder der Bus erst am Abend ankommt, buche ich im Voraus. Ich möchte nicht im Dunkeln auf die Suche gehen, denn dann wäre ich schon den gesamten Tag unruhig. Stattdessen möchte ich eine konkrete Anlaufstelle haben.

- **Vor Feiertagen:** Wenn ein wichtiger Feiertag oder eine große Veranstaltung ansteht, buche ich ein Zimmer gern ein paar Tage im Voraus.

In anderen Situationen bin ich entspannter. Wenn ich weiß, dass es am Zielort eine große Auswahl an Unterkünften gibt, lasse ich es auf mich zukommen. So wird es oft billiger. Häufig suche ich mir vor der Anreise bereits zwei oder drei Optionen heraus, die nah beieinander liegen. Dort gehe ich nach meiner Ankunft hin und frage nach einem Zimmer. So bin ich vor Ort flexibel, habe aber meine Anlaufstellen. Doch selbst wenn meine bevorzugten Unterkünfte ausgebucht waren, hat es bisher noch immer eine Lösung gegeben. Oft können die Betreiber eine andere Unterkunft in der Nähe empfehlen. Dass ausnahmslos *alles* ausgebucht ist, kommt praktisch nie vor. Das Risiko besteht eher darin, dass du nichts findest, das deinen Vorstellungen entspricht oder du lange suchen musst.

Es gibt nicht die eine Antwort. Mach es so, wie es sich für dich gut anfühlt, und lass dir nichts von anderen einreden. Allerdings empfehle ich dir, für eine dreiwöchige Reise nicht bereits alle Unterkünfte im Voraus zu buchen. Das ist nicht notwendig. Damit beraubst du dich deiner Flexibilität. In der Regel ist es völlig ausreichend, ein oder zwei Tage vorher etwas zu buchen. Bevor ich in ein Land einreise, habe ich nur die erste Unterkunft gebucht.

Hostels

Hostels sind für Backpacker die erste Anlaufstelle, da sie häufig die günstigste Möglichkeit der Übernachtung sind. Die meisten können mit diesem Begriff vermutlich etwas anfangen. Für alle anderen kläre ich zunächst, was ein Hostel ist.

Was sind Hostels?

Hostels gibt es weltweit, vor allem in großen Städten. Bei uns würde man sie als Jugendherbergen bezeichnen, wobei der Begriff irreführend ist. Hostels sind nämlich nicht nur für junge Leute, sondern für jeden. Trotzdem sind die meisten Gäste unter 30 Jahre.

Hostels eignen sich für sparsame Backpacker. Am billigsten übernachtest du in einem Schlafsaal. Zwischen vier und 20

Gästen teilen sich für gewöhnlich ein solches Zimmer. Je mehr Betten in einem Zimmer stehen, desto billiger ist die Übernachtung. Meistens handelt es sich um Doppelstockbetten. In vielen Hostels gibt es auch Einzel- bzw. Doppelzimmer.

Die Zimmer haben oft kein eigenes Badezimmer. Vielmehr teilen sich alle Zimmer ein großes oder mehrere kleine Bäder.

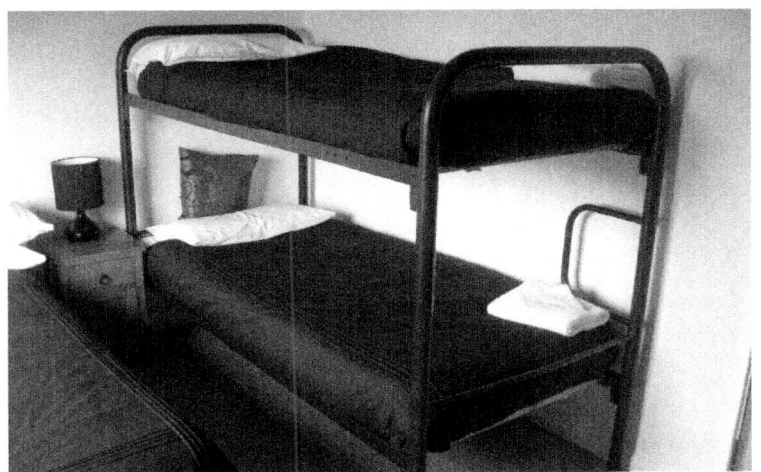

Ein Hostel-Doppelstockbett in Neuseeland

Wie teuer sind Hostels?

Je nach Land und Region unterscheiden sich die Preise deutlich. In westlichen Ländern kostet ein Bett zwischen 10 und 20 Euro. Auch 30 oder 40 Euro sind für gute Hostels in Metropolen nicht ungewöhnlich. Für *ein* Bett! In Entwicklungs- und Schwellenländern kostet ein Hostel-Bett in einer großen Stadt zwischen 5 und 10 Euro. In kleineren Orten Asiens geht es schon ab 2 Euro pro Bett los.

Einzel- oder Doppelzimmer sind wesentlich teurer als ein Bett im Schlafsaal. Die Preise sind ähnlich wie in Gästehäusern (siehe nächster Abschnitt). Aber auch wenn du ein Zimmer für dich allein haben willst, kann ein Hostel trotzdem sinnvoll sein, denn dort findest du schneller Anschluss zu Reisenden als in anderen Unterkünften.

Was macht ein gutes Hostel aus?

Es gibt keinen allgemeinen Qualitätsstandard für Hostels. Manche sind richtig gut, andere richtig schlecht. Einige Kriterien, die ein gutes Hostel ausmachen:

- **Kleine Schlafsäle:** Für mich kommen nur Hostels infrage, die auch kleine Zimmer für vier bis sechs Personen anbieten, anstatt Schlafsäle für zehn bis 20 Leute.
- **Frauenschlafsäle:** Die meisten Zimmer werden gemischt belegt. In besseren Hostels gibt es jedoch auch Schlafsäle nur für Frauen.
- **Gemeinschaftsbereich:** Ein Hostel lebt davon, dass man andere Reisende kennenlernt. Das geht am besten, wenn es einen einladenden Gemeinschaftsbereich gibt, in dem man sich gerne aufhält.
- **Sauberkeit:** Vor allem in den geteilten Bädern ist Sauberkeit wichtig. Ich hatte damit bislang erstaunlich selten Probleme.
- **Freundliches Personal:** In jeder Art von Unterkunft macht es viel aus, wenn du dich willkommen fühlst. Freundliche Mitarbeiter können den Unterschied machen.
- **Gute Lage:** Ein Hostel sollte am besten dort liegen, wo viel los ist. Wenn nicht, sollte es zumindest gut angebunden sein. Das kannst du vorher bei Google Maps überprüfen.
- **Schließfächer:** Wenn du ein Zimmer mit mehreren Leuten teilst, sind abschließbare Fächer sehr wichtig. Die meisten Hostels haben das, aber leider nicht alle. Bring dein eigenes Vorhängeschloss mit – am besten ein Zahlenschloss!

- **WLAN:** Ein kostenloser Internetzugang ist für die meisten Hostels selbstverständlich. Nicht immer ist er jedoch brauchbar. Wie gut die Internetverbindung in einem Hostel ist, erfährst du oft in den Bewertungen der Buchungsportale.
- **Frühstück:** Einige Hostels bieten Frühstück an – im Preis inklusive. Ehrlich gesagt, ist die Qualität meistens unterirdisch (Toast, Marmelade und Cornflakes), aber wenn du einen ganz schmalen Geldbeutel hast, ist das sicher ein Plus.
- **Touren:** Viele Hostels bieten Touren an oder buchen sie zumindest für dich. Das ist ein Service, der in jedem Fall dazugehört und dir einige Arbeit abnimmt. Idealerweise empfehlen Hostels nur gute Touren.
- **Wäscheservice:** Deine Kleidung waschen zu können ist ein zusätzliches Plus. In den meisten Backpacker-Regionen gibt es solche Leistungen aber ohnehin an jeder Straßenecke.
- **Küche:** In westlichen Ländern ist es ziemlich teuer jeden Tag auswärts zu essen. Umso wichtiger ist eine gut ausgestattete Küche im Hostel. Im Idealfall gibt es Kühlschränke, Öfen, Mikrowellen etc.

Viele dieser Kriterien kann man von außen schlecht beurteilen. Daher solltest du auf die Bewertungen bei Buchungsportalen oder bei Tripadvisor achten. Dort werden mögliche Probleme angesprochen.

Wie findet man Hostels?

Hostels suche und buche ich am liebsten auf Hostelworld.de. Eine gute Alternative ist Hostelbookers.de. Es gibt nur wenige Hostels, die nicht auf einer dieser beiden Plattformen vertreten sind. Durch die Bewertungen der Nutzer siehst du auf den ersten Blick, ob ein Hostel gut ist. Bei einer sehr großen Auswahl lasse ich mir nur Hostels anzeigen, die mit mindestens 80 Prozent bewertet wurden. Diese sind meistens gut. Im Zweifel lese ich mir noch durch, was den Gästen nicht gefallen hat.

In einigen Ländern gibt es spezielle Hostel-Netzwerke, die du dir zusätzlich anschauen kannst (z. B. YHA in Australien, YHA und BBH in Neuseeland, Coast to Coast in Südafrika). Auch in jedem Backpacking-Reiseführer findest du ein paar Empfehlungen. Außerdem liegen in vielen Hostels die Flyer von Unterkünften in anderen Städten aus.

Wenn du dein Hostel nicht im Internet buchen kannst, solltest du per E-Mail oder Telefon anfragen, ob noch Zimmer oder Betten verfügbar sind. Alternativ kannst du ohne Reservierung vor Ort dein Glück versuchen. Das dürfte oft funktionieren, aber in der Hauptsaison mancher Länder schwierig sein (vor allem in Australien und Neuseeland).

Bezahlt wird meistens nach der Ankunft in bar. Bei Reservierungen über eines der oben genannten Portale leistest du online bereits eine kleine Anzahlung.

Gästehäuser

Am liebsten übernachte ich in Gästehäusern. In billigen Ländern sind sie eine ebenfalls günstige Alternative zum Hostel. In westlichen Ländern hingegen sind sie wesentlich teurer.

Was sind Gästehäuser?

Gästehäuser gibt es weltweit, auch wenn sie überall anders heißen. Das Wort „Gästehaus" benutze ich als Überbegriff für einige andere Bezeichnungen. In Lateinamerika werden sie meist als „Hostal" bezeichnet, in Indonesien kennt man sie als „Homestay", anderswo als „Guesthouse" oder „Bed & Breakfast". Bei uns würde man sie „Pensionen" nennen. Es gibt sie sowohl in Städten als auch in Dörfern. In diesen oft familiengeführten Unterkünften gibt es üblicherweise zwischen drei und zehn Zimmer oder auch Bungalows. Dadurch sind sie persönlicher als Hotels, und es ist leichter, anderen Gästen zu begegnen. Sie sind auch kleiner als Hostels und beherbergen meist deutlich weniger Gäste. Die Zielgruppe von Gästehäusern ist gemischt: Von Backpackern bis zu älteren Ehepaaren ist alles dabei.

Wie teuer sind Gästehäuser?

Meistens zahlt man für das ganze Zimmer, unabhängig davon, ob man allein oder zu zweit reist. Südafrika ist eine angenehme Ausnahme von dieser Regel. Die meisten Zimmer haben ein eigenes Bad. Teilweise wird Frühstück angeboten. Die Preise unterscheiden sich stark je nach Land und Region. Auch die Qualität ist von Land zu Land sehr unterschiedlich.

In Südostasien gibt es ein Zimmer im Gästehaus schon für 5 bis 15 Euro. In Lateinamerika sind je nach Region zwischen 10 und 30 Euro üblich. In Südafrika habe ich zwischen 25 und 40 Euro bezahlt (inklusive Frühstück). In westlichen Ländern meide ich Gästehäuser, da sie auf Dauer nicht in mein Budget passen oder zu weit abseits des Geschehens liegen.

Einfaches Homestay-Zimmer in Malaysia

Was macht ein gutes Gästehaus aus?

Einige Kriterien, auf die ich bei einem Gästehaus achte:

- **Wenige Zimmer:** Ich bevorzuge kleine Gästehäuser mit nur fünf bis zehn Zimmern. Je kleiner, desto persönlicher.
- **Freundlichkeit:** Das vielleicht wichtigste Kriterium für eine gute Zeit im Gästehaus sind freundliche Betreiber und Mitarbeiter. Sie können entscheidend dazu beitragen, dass du dich fast wie zu Hause fühlst.
- **Sauberkeit:** Natürlich ist auch ein sauberes Zimmer mit gepflegten Sanitäranlagen sehr wichtig.

- **Lage:** In Großstädten liegen Gästehäuser meist etwas außerhalb, aber in kleinen Städten und Dörfern mitten im Geschehen. Informiere dich vorher, wie du hinkommst.
- **WLAN:** Kostenloses Internet ist in vielen Gästehäusern heute eine Selbstverständlichkeit. Aber die Qualität ist nicht immer gut.
- **Services:** Gästehäuser bieten häufig Rundum-Sorglos-Pakete: Touren, Bustickets, Wäscheservice, Verpflegung.

Bungalow mit 3 Zimmern in Malaysia

Wie findet man ein Gästehaus?

Meiner Erfahrung nach ist Booking.com die weltweit beste Buchungsplattform für Gästehäuser. Für Unterkünfte in Asien kann ich zusätzlich Agoda.com empfehlen. Auf beiden Plattformen gibt es aussagekräftige Bewertungen von Gästen. Zur Orientierung: Bei Booking.com sind Unterkünfte in Ordnung, die mit mindestens 7,0 bewertet werden. Ab 8,0 kann man schon nichts mehr falsch machen. Eine Alternative für Bewertungen ist wiederum Tripadvisor.de.

Es gibt aber auch viele Gästehäuser, die nicht im Internet buchbar sind. Diese sind meistens billiger, weil sie sich die teuren Gebühren der Buchungsplattformen sparen. Wer auf keiner Plattform vertreten ist, verfügt häufig über eine eigene Website mit Kontaktinformationen, Preisen und Fotos. Auch in jedem Reiseführer findest du Empfehlungen für Gästehäuser, wobei diese oft zu teuer sind und die Qualität nicht gesichert ist. Grundsätzlich kannst du ohne Reservierung zu einem Gästehaus gehen und auf dein Glück vertrauen. Gerade bei durchschnittlichen Unterkünften funktioniert das gut. Doch die besseren Häuser sind in der Hauptsaison dann bereits belegt. Daher reserviere ich ein Zimmer für zwei Nächte und verlängere den Aufenthalt nach meiner Ankunft, wenn ich mich wohl fühle. Falls das Zimmer dann nicht mehr verfügbar ist, muss ich eben umziehen. In vielen Regionen liegen mehrere Gästehäuser nah beieinander, sodass es kein Problem ist, in wenigen Minuten zu Fuß eine Alternative zu finden. In Großstädten buche ich immer vorher, um mir Enttäuschungen und lange Wege zu ersparen.

Bezahlt wird fast immer in bar. Selbst bei Online-Buchungen ist die Unterkunft nicht automatisch bereits bezahlt. Oft handelt es sich nur um eine Reservierung, die per Kreditkarte abgesichert ist. Nur in besseren Unterkünften ab 30 Euro aufwärts ist es gängig, mit Kreditkarte zu zahlen. In westlichen Ländern hingegen ist Kartenzahlung üblich.

Hotels

Hotels spielen für Backpacker keine große Rolle, daher erwähne ich sie nur kurz. Sie sind fast immer teurer als Hostels und Gästehäuser. Außerdem sind sie unpersönlicher, da man nur einer von vielen Gästen ist und aufgrund fehlender Gemeinschaftsbereiche kaum eine Chance hat, andere Gäste kennenzulernen. In einem Hotel bist du sehr anonym. Zur Abwechslung kann das allerdings auch mal ganz gut sein.

Ein großer Vorteil von Hotels ist, dass sie fast alle online buchbar sind. Das gibt mehr Sicherheit, als vor Ort etwas zu suchen oder auf E-Mail-Antworten zu warten. Hotels buche ich vor allem bei Booking.com oder in Asien bei Agoda.com. Außerdem bieten sie eher Annehmlichkeiten wie einen Swimmingpool und ein ordentliches Frühstücksangebot.

In den USA, Kanada und Australien gibt es eine Sonderform: Motels. Die Zimmer sind direkt vom Parkplatz aus zu erreichen. Sie befinden sich an großen Straßen, aber außerhalb der Innenstädte. Motels sind günstiger als herkömmliche Hotels, aber für Alleinreisende trotzdem vergleichsweise teuer. Für Paare oder kleine Gruppen sind Motels eine kostengünstige Alternative zum Hotel.

Weitere Unterkünfte

Manchmal sind Hostels, Gästehäuser und Hotels nicht die beste Wahl oder auf Dauer zu eintönig. Dann kannst du diese Alternativen nutzen:

Private Zimmer

Falls dir die offiziellen Unterkünfte zu unpersönlich sind und du wie ein Einheimischer leben möchtest, sind private Zimmer eine gute Alternative. Es gibt einige Plattformen (die führende ist AirBnB.com), über die du ein Zimmer in einer privaten Wohnung mieten kannst, teilweise auch ganze Apartments. Du wohnst zusammen mit Einheimischen unter einem Dach und nutzt deren Küche, Badezimmer oder auch Wohnzimmer. Vor allem in den Metropolen findest du eine große Auswahl. In immer mehr Ländern gibt es auch in kleinen Städten oder Urlaubsregionen gute Angebote. Die Preise sind je nach Qualität und Lage des Apartments sehr unterschiedlich. Ein privates Zimmer ist meistens billiger als ein Hotel, aber wesentlich teurer als ein Bett im Hostel. Dafür bekommst du eine ganz besondere Erfahrung, die sich nicht so touristisch anfühlt.

Ein privates Zimmer solltest du nicht erst einen Tag vor der Anreise buchen. Vielmehr bewirbst du dich per E-Mail, indem du ein paar Worte über dich schreibst. Daraufhin wird der Gastgeber deine Bewerbung sichten. Wenn du gut ankommst und das Zimmer noch frei ist, kannst du die Reservierung per Kreditkarte absichern.

Meine Erfahrungen mit AirBnB sind sehr gut. Ich habe es schon in mehreren Ländern genutzt: USA, Südafrika, Australien, Indonesien, Estland und Italien. Mal kam ich bei Menschen unter, die mich wie einen Freund behandelten. Mal bekam ich meine Gastgeber so gut wie nie zu Gesicht. Mir ist beides recht. Unter dem folgenden Link erhältst du ein Guthaben für die erste Übernachtung: www.101places.de/extern/airbnb.

Couchsurfing

Ganz ähnlich wie die privaten Zimmer über AirBnB kannst du auf der Plattform Couchsurfing.org ein Zimmer oder eine Couch finden. Dafür zahlst du nichts, darfst dich aber gern mit einem kleinen Gastgeschenk bedanken. Couchsurfing funktioniert vor allem für kurze Aufenthalte in größeren Städten gut. Neben der kostenlosen Übernachtung findest du vielleicht auch neue Bekanntschaften unter den Gastgebern. Allerdings ist der Wettbewerb um freie Betten groß und viele Gastgeber wechseln zu Bezahlplattformen wie AirBnB.

Camping

Auch wenn Backpacker früher häufig mit dem Zelt loszogen, ist Camping heute zur Randerscheinung geworden. Kaum ein Backpacker geht in Entwicklungs- und Schwellenländern campen. Dafür sind die verfügbaren Unterkünfte viel zu gut und preiswert.

Camping spielt nur in westlichen Ländern eine Rolle, und auch nur dann, wenn du mit einem Mietwagen oder Campervan unterwegs bist. In Europa, Australien, Neuseeland, Kanada oder den USA ist es durchaus üblich, einen Campingplatz anzusteuern. In einigen dieser Länder habe ich es schon gemacht, aber nicht oft.

Camping ist wesentlich günstiger als eine Übernachtung im Hotel. Für Alleinreisende ist es aber nicht billiger als ein Bett im Hostel-Schlafsaal. Wildes Campen ist eher die Ausnahme und lange nicht überall erlaubt. Für viele Länder gibt es übrigens Smartphone-Apps, mit denen du Campingplätze findest.

5. Finanzen

Sparen fürs Reisen

Einige Menschen verreisen nicht, weil sie glauben, eine Reise sei zu teuer. Das ist jedoch nur die halbe Wahrheit, denn Backpacking-Reisen sind gar nicht so teuer. Du kannst ziemlich billig verreisen. Das größere Problem ist eher, dass die meisten Menschen ihr Geld nicht weise ausgeben. Am Ende bleibt zu wenig für das, was wirklich zählt: Erlebnisse statt Materielles. Daher möchte ich dir zeigen, wie du im Alltag mehr Geld für einen schönen Urlaub oder sogar eine Langzeitreise sparen kannst.

Viele Menschen glauben, das Problem sei, dass sie nicht genug verdienen. Sobald sie mehr verdienen, könnten sie endlich etwas zurücklegen. Doch das ist falsch. Wer schon ein paar Jahre arbeitet, wird die Spirale kennen: Je mehr Geld wir verdienen, desto mehr Geld geben wir aus. In meinem ersten Vollzeitjob verdiente ich 900 Euro netto. Davon konnte ich gut leben. Das kann ich heute nicht mehr, denn ich stecke ebenfalls in dieser Spirale.

Mehr Geld macht nicht glücklich, aber frei(er). Konzentriere dich darauf, deine Ausgaben zu senken, um zu Ersparnissen zu kommen. Die folgenden Ratschläge werden sicherlich dazu beitragen:

1. Wohnung

Die größten Fixkosten entstehen durch die Wohnung. Für die letzte Wohnung vor meiner Weltreise zahlte ich mehr, als ich ursprünglich wollte. Weil sie mir gefiel und die Lage gut war. Sie lag nur 50 Euro über meinem Budget, und zu dem Zeitpunkt war es mir das wert. Letztendlich wohnte ich dort für fünf Jahre, und so habe ich in der Summe 3.000 Euro mehr gezahlt, als ich wollte. Davon kann ich zweimal in Asien Urlaub machen.

2. Wohnnebenkosten

In meiner Wohnung zahlte ich etwa 30 Euro im Monat für Strom. Als ich meine Ausgaben analysierte, habe ich erstmals Strompreise verglichen. Mit einem unkomplizierten Wechsel hätte ich 5 Euro im Monat sparen können. Deutlicher wurde es bei Internet und Telefon. Jahrelang hatte ich für einen alten Vertrag gezahlt. Dann drängte ich zum nächstmöglichen Termin auf einen günstigeren Tarif und konnte 15 Euro im Monat sparen. Das sind 180 Euro pro Jahr oder eine Woche Thailand.

3. Auto

Der zweitgrößte Kostenfaktor entsteht für viele Menschen durch ihr Auto. Oft werden Fahrzeuge finanziert, und so entstehen monatliche Ratenzahlungen mit Zinsen. Hinzu kommen Steuern, Versicherung, regelmäßige Wartung und Kosten für Benzin und Parken. In der Summe sind das enorme monatliche Belastungen. Sind die wirklich notwendig? Es wäre schön, ein Auto zu haben, aber – zumindest für mich – ist es kein Muss.

4. Versicherungen

Viele von uns sind notorisch überversichert. Je größer unser Wohlstand, desto besser versichern wir ihn. Ich halte nur zwei Versicherungen für wichtig: Die Haftplicht- und die

Krankenversicherung. Die meisten Versicherungen treiben deine Ausgaben in die Höhe, weil andere Leute mit deinen Ängsten spielen. Das gilt übrigens auch für Reiserücktrittsversicherungen.

5. Handyvertrag
Für zwei Jahre steckte ich in einem teuren Telekom-Vertrag, der ursprünglich über mein damaliges Unternehmen abgerechnet wurde. Nach meinem Ausscheiden aus der Firma trug ich alle Kosten selbst. Diesen Vertrag habe ich mittlerweile gekündigt. Bei meiner spärlichen Nutzung zahle ich jetzt nur 15 Euro im Monat und spare monatlich 35 Euro.

6. Abonnements
Bis vor einiger Zeit hatte ich drei Zeitschriftenabos: SPIEGEL, brand eins und TIME. Vor allem aus Gewohnheit. Gelesen habe ich sie nur unregelmäßig. Heute spare ich 300 Euro im Jahr.

7. Fitnessstudio
Für unzählige Jahre war ich Mitglied in einem Fitnessstudio. Ein bisschen für das gute Gewissen, aber auch für die Möglichkeit, jederzeit Sport treiben zu können. Es gab Jahre, in denen ich kaum alle zwei Monate im Studio war, aber auch Jahre, in denen ich zweimal pro Woche ging. Über die Zeit habe ich etwa 2.500 Euro dort gelassen. Kann man machen, muss man aber nicht.

8. Essen und Trinken
Essen und Trinken sind für mich ein gutes Stück Lebensqualität, ja sogar mein größter Luxus. Entsprechend hoch wäre hier das Einsparpotenzial, wenn ich mit weniger Geld auskommen müsste oder für eine Weltreise sparen würde. Wer viel raucht oder gern auswärts Alkohol trinkt,

braucht gar nicht weiter nach Einsparpotenzialen suchen, sondern kann genau dort ansetzen.

9. Konsum

Für Kleidung und Unterhaltung kann man viel Geld ausgeben. Unnötig viel. Muss es wirklich das neue Paar Schuhe oder das große Entertainment-Paket sein? Die meisten Produkte sind nur Dekoration, technische Spielerei oder zum Angeben geeignet. Spätestens auf einer langen Reise wirst du merken, dass du kaum etwas *wirklich* brauchst. Du kannst monatelang mit dem Inhalt eines Rucksacks auskommen. Deshalb misten viele Langzeitreisende nach ihrer Rückkehr ihre gesamte Wohnung aus. Wenn du schon vorher aus dem selbstverständlichen Konsumieren ausbrechen möchtest, frage dich am besten vor jeder Kaufentscheidung, ob das Produkt wirklich einen zusätzlichen Nutzen stiftet.

Ich vermute, jeder wird bei seinen Ausgaben Möglichkeiten zur Einsparung erkennen. Wie du an meinen Beispielen siehst, zahlen wir häufig zu viel, weil wir in alten Verträgen stecken und zu bequem sind, uns darum zu kümmern (Strom, DSL, Versicherungen, Handy, Abonnements, Fitnessstudio). Bequemlichkeit und Statussymbole – dafür geben wir Geld aus.

Geld ist für mich nicht mehr ein Mittel für die nächstgrößere Wohnung, ein schönes Auto oder sonstigen Luxus, sondern es erlaubt mir, freier zu leben. Wenn du das im Grunde ähnlich siehst, schau dir deine Ausgaben genauer an. Überlege dir, was dir viel wert ist (für mich Essen gehen, Bücher und Reisen) und auf was du gut verzichten kannst. Überlege dir für jeden Posten, welchen Nutzen dir eine Ausgabe bringt. Ist der groß genug, um ihn mit einem Stück Freiheit zu bezahlen?
Tipp: Falls du nicht weißt, wohin dein Geld jeden Monat abfließt, installiere eine Ausgaben-App auf deinem

Smartphone und trage für mindestens zwei Monate täglich jede Ausgabe ein. Anschließend weißt du es.

So viel Budget brauchst du

Viele Backpacker fragen sich, ob ihr gespartes Geld für eine Reise ausreicht. Je länger die Reise dauert, desto schwerer ist vorhersehbar, wie weit dich dein Budget bringt. Es gibt jedoch Richtwerte. Nach einer groben Formel, die in vielen Regionen gilt, setzt sich ein Reisebudget folgendermaßen zusammen: 1/3 Unterkunft + 1/3 Transfer und Ausflüge + 1/3 Verpflegung. Hinzu kommt der Langstreckenflug. Für die detaillierten Kosten kann ich zwar nicht auf jedes Land eingehen, doch die beliebtesten Backpacker-Ziele habe ich in drei Regionen zusammengefasst.

1. Südostasien

Ist dein Budget besonders knapp, sollte Südostasien ganz oben auf deiner Wunschliste stehen. Die gesamte Region bietet hervorragende Reiseerlebnisse für kleines Geld. Als Alleinreisender kannst du dort fast überall für 20 bis 25 Euro am Tag reisen. Dafür findest du einfache, aber saubere Einzel- bzw. Doppelzimmer, kannst essen und dich im Land fortbewegen. Hin und wieder ist dafür auch ein kleiner Ausflug drin. Bist du mit einem Reisepartner unterwegs, spart ihr noch ein paar Euro bei der Unterkunft.
Wenn du häufiger an Touren teilnehmen oder sogar tauchen möchtest, solltest du besser mit 40 Euro am Tag kalkulieren. Damit kannst du dir hin und wieder etwas gönnen oder auch ein paar Tage länger in teureren Gegenden bleiben.

Was kostet wie viel?

Der Langstreckenflug ist der größte Kostenfaktor. Südostasien erreichst du von Westeuropa aus allerdings sehr günstig. Grundsätzlich kannst du in jede Großstadt der Region fliegen. Doch die preiswertesten Flüge gehen nach Bangkok, Kuala Lumpur und Singapur.

Als grobe Richtlinie kannst du davon ausgehen, für einen Hin- und Rückflug nach Thailand nicht mehr als 600 Euro bezahlen zu müssen. Mit Flexibilität und etwas Glück wird es sogar noch günstiger, doch deutlich teurer sollte es nicht sein!

Die Preise für Unterkünfte, Busse, Touren und Verpflegung unterscheiden sich leicht von Land zu Land. In Laos sind Busfahrten zum Beispiel teurer als in Thailand, dafür sind die Unterkünfte ein bisschen billiger. Im Durchschnitt sind die Kosten jedoch für die gesamte Region sehr ähnlich. Daher nenne ich beispielhaft ein paar Preise für Thailand: Für eine Busfahrt in hochwertigen Bussen mit Klimaanlage zahlst du zwischen 2 und 10 Euro für Fahrten zwischen zwei und zehn Stunden. Pro Fahrtstunde kannst du also mit einem Euro rechnen. Eine kurze Strecke mit dem Taxi kostet ca. 2 bis 3 Euro, eine lange Fahrt zum Flughafen in Bangkok (45 Kilometer) kostet etwa 8 bis 10 Euro. Fähren sind mit 8 bis 15 Euro (für anderthalb bis drei Stunden Fahrt) ein vergleichsweise teures Fortbewegungsmittel.

Ein einfaches Doppelzimmer findest du je nach Region schon für 5 bis 15 Euro. Ein Bett im Hostel-Schlafsaal gibt es schon ab 2 Euro pro Nacht (in Bangkok eher 10 Euro für bessere Hostels).

Eine Mahlzeit am Straßenstand kostet 1 bis 2 Euro, während im Restaurant oft 5 Euro fällig werden (für ein Getränk und ein oder zwei Gänge). Ein halber Liter Wasser kostet 20 Cent, eine Dose Cola 40 Cent und frisch gepresste Fruchtsäfte gibt es ab 1 Euro.

Achtung: Falls du nach Singapur fliegst und dort ein paar Tage bleibst: Das Preisniveau ist nicht mit dem Rest Südostasiens zu vergleichen. Singapur ist ähnlich teuer wie Europa.

2. Lateinamerika

Zentral- und Südamerika sind im Durchschnitt etwas teurer als Südostasien. Vor allem aber sind die Unterschiede zwischen den einzelnen Ländern relativ groß. Das Preisniveau in den besonders armen Ländern (z. B. Bolivien und große Teile Zentralamerikas) ist mit Südostasien vergleichbar. Mexiko, Argentinien oder Peru sind hingegen ein ganzes Stück teurer. Auch der Unterschied zwischen einer Metropole und einem Dorf ist deutlich spürbar.

In Lateinamerika kommt es also sehr darauf an, wo du dich aufhältst. Selbst innerhalb Mexikos gibt es von Region zu Region deutliche Unterschiede. In großen Teilen des Landes kann man mit 25 bis 30 Euro pro Tag zurechtkommen. In der Yucatán-Region solltest du hingegen mit 30 bis 40 Euro rechnen. Wenn du dir etwas mehr gönnen willst und nicht so sehr auf den Preis achten musst, halte ich in Mexiko 60 Euro am Tag für realistisch. Im Nachbarland Guatemala hingegen ist das Reisen preiswerter. 20 bis 30 Euro pro Tag sind dort im ganzen Land keine große Herausforderung.

In Lateinamerika reicht die Spanne folglich von 20 Euro am Tag für sparsame Backpacker bis zu 60 Euro am Tag bei etwas höheren Ansprüchen in einem der teureren Länder.
Was kostet wie viel?
Auch hier ist der Langstreckenflug ein großer Kostenfaktor. Flüge nach Lateinamerika sind grundsätzlich ein wenig teurer als nach Südostasien. Fliegst du nach Mexiko, bist du mit 600 bis 800 Euro sehr gut bedient. In andere Länder Mittelamerikas wird es tendenziell noch teurer, da die Strecken

weniger beliebt sind und du sie nicht direkt von Europa anfliegen kannst.

Für einen Flug nach Südamerika solltest du mehr einplanen. Ich bin zwar schon für 550 Euro nach Bogotá geflogen, doch solche Schnäppchen findet man selten. Ich würde mit 700 bis 900 Euro planen, um nach Südamerika und zurück zu kommen – wenn es gut läuft und du flexibel bist.

Die folgenden Preise sind repräsentativ für Mexiko, da ich dort am Längsten gewesen bin: Ein Bett im Hostel-Schlafsaal kostet zwischen 6 und 10 Euro. Für ein gutes, aber einfaches Einzel- oder Doppelzimmer zahlst du auf Yucatán im Normalfall zwischen 20 und 30 Euro, manchmal auch mehr. In den Staaten Chiapas und Oaxaca hingegen habe ich für 15 bis 20 Euro in einem eigenen Zimmer übernachtet.

Für eine Fahrt im Bus zweiter Klasse kannst du mit ungefähr 2 Euro pro gefahrener Stunde rechnen. In der ersten Klasse sind 5 Euro realistischer. Das ist nur eine Faustregel, denn die Fahrten werden nicht pro Stunde abgerechnet.

Eine Dose Cola am Kiosk kostet 50 Cent, ein halber Liter Wasser etwa 40 Cent. Ein einfaches Frühstück kostet etwa 3 bis 5 Euro, ein Abendessen im Restaurant 5 bis 10 Euro, ein sättigender Snack am Taco-Stand etwa 2 bis 3 Euro.

3. Australien & Neuseeland

Diese beiden Länder sind nichts für Sparfüchse. Das Preisniveau in Australien und Neuseeland liegt weit über dem von Südostasien und Lateinamerika. Sie gelten sogar als zwei der teuersten Länder der Welt. Trotzdem sind dort viele Backpacker unterwegs – allerdings finanzieren sie sich ihre längeren Aufenthalte häufig über Work & Travel.

Möchtest du zum Urlaub dorthin und hast nur wenig Zeit, dann wird es kein billiger Spaß. In Australien musst du mit mindestens 50 Euro am Tag kalkulieren – dann reist du schon wirklich sparsam, und für einen Urlaub ist das eher zu knapp kalkuliert, da du in der kurzen Zeit ja viel sehen und an Touren teilnehmen möchtest. Aus meiner Sicht solltest du mit 70 bis 80 Euro pro Tag rechnen. Falls du einen Mietwagen nimmst und öfter auswärts essen möchtest, sind wir schon bei 100 Euro am Tag – reden aber immer noch von Hostel-Schlafsälen und Campingplätzen. Für Neuseeland kannst du ein bisschen weniger einrechnen.

Was kostet wie viel?
Nicht nur die Länder selbst sind teuer, sondern auch die Flüge, um überhaupt dorthin zu kommen. Für einen Hin- und Rückflug nach Australien musst du mit 800 bis 1.000 Euro rechnen, wenn du einigermaßen flexibel bist. Für Neuseeland sind es 200 Euro mehr. Kannst du dir die Flugdaten nicht frei aussuchen, wird es vermutlich teurer.

Ein Bett im Hostel-Schlafsaal kostet je nach Qualität des Hostels etwa 15 bis 20 Euro. In Großstädten kann ein Bett auch bis zu 30 Euro kosten. In Australien und Neuseeland ist WLAN oft kostenpflichtig. Falls du viel im Internet surfen möchtest, musst du dafür Geld einplanen.

Einen kleinen Mietwagen gibt es für etwa 30 bis 35 Euro pro Tag. Ein Campervan kostet ab 50 Euro aufwärts.

Ein Frühstück im Restaurant gibt es oft für 10 bis 15 Euro. Lebensmittel im Supermarkt sind in Neuseeland vergleichbar mit Deutschland, in Australien etwas teurer.

Touren kosten richtig viel Geld – das solltest du nicht unterschätzen. Wenn du es schon bis ans andere Ende der Welt schaffst, willst du ja auch etwas erleben. Dabei können schnell einige Hundert Euro zusammenkommen. Nicht alles kannst du auf eigene Faust organisieren.

Ich hoffe, dass dir diese Ansatzpunkte helfen, um dein Budget zu planen. Doch kalkuliere nicht zu knapp! Grundsätzlich schonst du deine Nerven, wenn du neben deinem Budget über einen Notgroschen verfügst, auf den du zurückgreifen kannst.

Eine Rücklage von 20 Prozent deines Budgets halte ich für angemessen.

Achtung: Alle Preisangaben sind Richtwerte, die auf eigenen Erfahrungen aus den Jahren 2013 bis 2015 basieren.

Sparen während der Reise

Du hast dich für ein Reiseziel entschieden und das passende Budget angespart. Jetzt geht es darum, unterwegs Geld zu sparen, um möglichst viel aus dem Budget herauszuholen. Mit ein paar Tricks und etwas Verzicht sparst du Geld, von dem du länger reisen kannst.

Sparen bei der Reiseplanung

- Wähle ein vergleichsweise billiges Reiseland.
- Wer rechtzeitig bucht, spart Geld bei Flügen und hat mehr Auswahl bei Unterkünften.
- Vermeide die Hauptsaison: Wenn alle reisen, schießen die Preise für Unterkünfte in die Höhe.
- Fahre nicht an die überlaufenen Orte.
- Kaufe einen Reiseführer in englischer Sprache. Das ist günstiger als ein deutschsprachiges Buch.
- Oder verzichte ganz auf einen Reiseführer und informiere dich in Blogs oder Foren.
- Kaufe nicht ständig neue Ausrüstung. Für eine Backpacker-Reise brauchst du nicht die neueste Outdoor-Kleidung.
- Mach nicht jede Tour mit, sondern organisiere dein Sightseeing selbst, indem du z. B. ein Fahrrad mietest.

- Nimm an kostenlosen Aktivitäten teil, anstatt für alles zu bezahlen: Geh schwimmen, wandern, bergsteigen, besuche einen Markt oder einen Park, schau dir einen Sonnenuntergang an. Das gibt es alles gratis. In vielen Städten gibt es auch kostenlose Stadtführungen, für die nur ein Trinkgeld erwartet wird.

Sparen bei der Unterkunft

- Such dir eine Unterkunft vor Ort, anstatt sie im Internet zu buchen. Das ist oft billiger.
- Wähle eine kostenlose Unterkunft (Couchsurfing).
- Übernachte im Hostel-Schlafsaal statt im Einzelzimmer.
- Teile dir ein Doppelzimmer mit einem anderen Backpacker. Wenn du unterwegs mit Reisenden in Kontakt kommst, wirst du häufig jemanden finden, der auch mit einem kleinen Budget reist.
- Nimm ein Zimmer mit geteiltem Badezimmer. Die sind immer günstiger.
- Wähle eine Unterkunft mit inbegriffenem Frühstück.
- Werde Mitglied bei Hostel-Verbänden wie YHA oder BBH in Neuseeland.
- Nimm ein Zelt mit und geh campen.
- Vermiete deine eigene Wohnung unter, während du verreist.

Sparen beim Transfer

- Sei möglichst flexibel, wenn du einen Flug buchst.
- Nutze Fernbusse statt Inlandsflüge. Das gibt auch Bonuspunkte für deine Umweltbilanz.
- Fahre mit den öffentlichen Verkehrsmitteln.
- Vermeide Taxifahrten, wenn sie nicht unbedingt nötig sind. Nimm lieber Sammeltaxis, ein Fahrrad oder gehe zu Fuß.

- Wenn du Taxi fährst, teile es dir mit anderen Backpackern.
- Lege längere Strecken mit Nachtbussen zurück, denn so sparst du die Kosten für eine Unterkunft.
- Such dir eine Mitfahrgelegenheit oder nimm selbst jemanden mit, wenn du ein Auto hast.
- Reise langsamer und nicht überall hin: An einem Ort zu bleiben ist billiger, als ständig zu reisen.

Weitere Spartipps

- Bitte Einheimische um Tipps für Restaurants und Unterkünfte. Sie kennen die billigen Alternativen.
- Versorge dich im Supermarkt anstatt auswärts zu essen.
- Trinke nicht so viel Alkohol, schon gar nicht in Bars. Selbst in billigen Ländern ist Alkohol oft teurer als zu Hause.
- Nutze Studentenrabatte in westlichen Ländern.
- Setze dir ein festes Budget und halte dich daran!
- Rechne dein Budget auf den Tag herunter. So ist es leichter, sich daran zu halten.
- Kenne das Preisniveau: Was kostet wie viel? So vermeidest du, abgezockt zu werden. Informiere dich in Reiseführern und Blogs oder frag die Einheimischen in deiner Unterkunft.

Sparen durch Verhandeln

In den meisten Entwicklungs- und Schwellenländern gehört Verhandeln zum Alltag. Preise werden bewusst zu hoch angesetzt, weil die Verhandlung bereits einkalkuliert ist. Falls du nicht verhandelst, freut sich der Verkäufer umso mehr. Vor allem gegenüber Touristen werden Preise aufgerufen, die weit über dem Niveau für Einheimische liegen. Solange es nicht ausufert, finde ich das in Ordnung. Ich betrachte es als eine Art

Steuer, um den Leuten etwas von meinem westlichen Reichtum abzugeben. Auf der anderen Seite bedeuten Touristenpreise natürlich, dass sie verhandelbar sind. Das muss jedoch nicht heißen, dass du um jeden Preis feilschst. Mein grundsätzliches Motto ist: Leben und leben lassen. 50 Cent sind für einen Vietnamesen viel mehr wert als für mich. Ich gewinne nichts dadurch, dass ich sie ihm aus den Rippen leiere. Ich verhandle ohnehin nicht so gerne, aber bei Taxifahrern und auf Märkten spiele ich das Spiel mit.

Bevor du in eine Verhandlung gehst, musst du dir darüber im Klaren sein, wie viel du zu zahlen bereit bist. Dazu solltest du das lokale Preisniveau kennen. Nur so kannst du ernsthaft verhandeln. Wenn du hart verhandeln möchtest, nenne zuerst einen Preis, der 50 Prozent dessen beträgt, was du zu zahlen bereit bist. Dein Verhandlungspartner möchte vielleicht 50 Prozent mehr als das, was du zu zahlen bereit bist, und irgendwann einigt ihr euch in der Mitte. Wenn du auf diese Spielchen keine Lust hast, nenne einfach deinen Preis und gehe weiter, wenn ihr euch nicht schnell einig werdet. Ist dein Preisvorschlag fair, wird dein Gegenüber dich schon aufhalten.

Verhandle Preise immer vorher: Bevor du deinen Rucksack in den Kofferraum des Taxis legst, muss der Preis feststehen. Das habe ich auf die harte Tour gelernt. Das gilt auch in anderen Situationen: In Laos wollte ich mir ein paar Höhlen anschauen und lief allein durch die Gegend. Plötzlich kam jemand dazu und führte mich ungefragt und ohne Englischkenntnisse herum. Am Ende verlangte er einen absurden Preis dafür.

Auch wenn es manchmal nervt, Verhandlungen muss man locker sehen. Sei nicht verbissen, sondern mit Spaß bei der Sache. Das kannst du deinem Gegenüber auch zeigen.

So bezahlst du unterwegs

Es ist mein persönlicher Albtraum, irgendwo im Ausland zu stehen und den Zugriff auf mein Geld zu verlieren. Schließlich reise ich nur so locker-leicht durch die exotischen Länder dieser Welt, weil ich durch mein Geld besser als die Einheimischen leben und jederzeit wieder abreisen kann. Hart, aber wahr. Doch diese Erkenntnis lehrt Demut. Eine entsprechend große Rolle spielt Geld beim Reisen. Hier erfährst du, wie du unterwegs bezahlst und an dein Geld kommst:

1. Bargeld

Im Gegensatz zu westlichen Ländern spielt Bargeld in den typischen Backpacker-Zielen Asiens und Lateinamerikas immer noch eine große Rolle. Kartenzahlung ist unüblich. Ich zahle fast alles in bar. Doch was heißt das genau? Musst du große Summen in Euro mitnehmen oder gar vorab die Landeswährung besorgen?

Euro
Ich habe auf Reisen nur 100 bis 200 Euro dabei. Dieses Geld sehe ich als Notgroschen, den ich im Bedarfsfall in die Landeswährung wechseln kann. Als ich in Bogotá landete, fand ich im Flughafen-Terminal einfach keinen Geldautomaten. Da kam mir mein Bargeld gerade recht. So konnte ich 50 Euro wechseln und zumindest in die Stadt fahren. Am Flughafen in Mexiko-Stadt haben mehrere Automaten kein Geld herausgerückt, daher habe ich zur Beruhigung etwas getauscht. Doch bis auf diese Ausnahmen habe ich meinen Euro-Notgroschen noch nie angerührt.

US-Dollar

In einigen Ländern musst du bei der Ankunft die Gebühr für ein „Visa on Arrival" bezahlen. Das betrifft unter anderem Teile Südostasiens. Teilweise werden nur US-Dollar akzeptiert. Das wirst du erfahren, wenn du dich beim Auswärtigen Amt über die Einreisebestimmungen informierst. US-Dollar erhältst du ganz unkompliziert bei deiner Bank. In manchen Ländern (z. B. Vietnam und Kambodscha) werden US-Dollar sogar als Zahlungsmittel akzeptiert. Ich zahle jedoch für gewöhnlich in der Landeswährung.

Landeswährung

Ich habe mir noch nie die Landeswährung vor der Abreise besorgt. Wenn ich im Ausland lande, habe ich nichts dabei außer meinen Kreditkarten und bis zu 200 Euro Bargeld. Üblicherweise stehen am Flughafen oder an der Grenze zahlreiche Geldautomaten. Dort decke ich mich mit Bargeld in der Landeswährung ein. Ich hebe allerdings nicht sofort Geld für mehrere Wochen ab, sondern nur für wenige Tage. Zu viel Bargeld mit sich herumzutragen stellt ein gewisses Risiko dar. Es lädt zu Diebstahl ein oder ich könnte es anderweitig verlieren. Durchschnittlich gehe ich alle drei bis vier Tage zum Geldautomaten. Ideal sind Automaten, die innerhalb von Bankgebäuden stehen oder bewacht werden (das gibt es in Lateinamerika und Südafrika häufig). Diese Automaten sind sehr wahrscheinlich nicht in irgendeiner Art manipuliert.

In Dörfern stehen Geldautomaten manchmal einfach nur auf der Straße herum. Das wirkt merkwürdig, ist aber meistens in Ordnung. Achte in diesen Fällen nur darauf, dass sie zu einer großen Bank gehören. Wenn du kleine Inseln oder abgelegene Dörfer besuchst, recherchiere vorher, ob es dort einen Geldautomaten gibt. Manchmal gibt es keinen oder der einzige Automat ist defekt. Nimm in diesem Fall lieber etwas mehr Bargeld mit.

Das Bargeld verteile ich dann am Körper und lasse einen Teil davon im Rucksack. Sollte ich etwas verlieren, bestohlen oder sogar ausgeraubt werden, geht nur wenig verloren.

Tipp: Häufig erhältst du an Automaten nur große Scheine. Umgerechnet sind sie zwar oft nicht mehr wert als 20 Euro, aber in einem armen Land ist das viel Geld. Diese Scheine wirst du manchmal schwer los, da einfache Straßenhändler nicht so viel Wechselgeld haben. In diesem Fall solltest du in Unterkünften, größeren Restaurants und in Kiosken wie 7-Eleven immer versuchen, mit großen Scheinen zu bezahlen, um an Kleingeld zu gelangen.

2. Kredit- und EC-Karten

Da ich kein Bargeld mitnehme, verreise ich nie ohne meine Geldkarten. Ich nehme lieber eine mehr als eine zu wenig mit, schließlich kann es mit den Karten Probleme geben.

In Estland ließ ich versehentlich eine Karte im Geldautomaten stecken. Auf meiner Weltreise wurde eine Kreditkarte wegen Online-Missbrauchs unwiderruflich gesperrt, und eine EC-Karte wurde wegen verrostetem Chip außer Gefecht gesetzt. Daher habe ich zur Sicherheit gern mehrere Karten dabei. Doch was ist besser – Kreditkarten oder EC-Karten?

EC-Karten
Außerhalb Europas sind EC-Karten nur eingeschränkt nützlich. Ich habe eine Karte dabei, setze sie aber selten ein. Bezahlen kann ich damit praktisch nie, und auch am Geldautomaten bringt sie mir häufig nichts. EC-Karten mit dem Maestro-Zeichen werden international noch vergleichsweise häufig akzeptiert. Solltest du jedoch eine neuere Karte mit dem V-Pay-Zeichen haben, kannst du die

gleich zu Hause lassen, da sie ohnehin nicht funktioniert. Ich persönlich würde nicht ohne Kreditkarte verreisen.

Kreditkarten

Meine Kreditkarten haben für mich die gleiche Bedeutung wie mein Reisepass. Verliere ich sie, wäre das sehr unangenehm. Es gibt wohl kaum einen Geldautomaten auf der Welt, der kein Bargeld ausspuckt, wenn man ihn mit einer VISA- oder MasterCard füttert – solange dem Automaten das Geld nicht ausgeht, was durchaus vorkommt. Auch in vielen Geschäften, Unterkünften und Restaurants lässt sich damit zahlen. Und nicht zu vergessen: Hotelbuchungen im Internet funktionieren oft nur mit Kreditkarte.

VISA- und MasterCard werden beide gleich häufig akzeptiert. Im Idealfall hast du von jeder eine dabei. Ich habe aber nur VISA-Karten und hatte mit der Akzeptanz nie Probleme.

Kreditkarten können im Auslandseinsatz ganz schön teuer sein. Es gibt jedoch einige Karten, die unter Reisenden aufgrund der geringen Kosten besonders beliebt sind. Darunter ist die VISA Card der Deutschen Kreditbank (DKB), die ich bereits seit mehr als neun Jahren nutze.

Die Vorteile der DKB (nicht nur für Reisende):

- Die Kreditkarte ist kostenlos. Es gibt keine einmaligen oder jährlichen Gebühren.

- Du kannst das Kreditkartenkonto mit einem Guthaben aufladen. Dieses wird wie Tagesgeld verzinst.

- Zur Kreditkarte gibt es ein kostenloses Girokonto dazu.

- Die VISA-Karte kannst du einfach online beantragen.

- Die DKB berechnet keine Gebühren, wenn du im Ausland Geld abhebst.

- Das Angebot ist auch in Österreich verfügbar.

Die Kreditkarte der comdirect Bank hat ähnliche Konditionen. Aber Achtung: Bei allen Kreditkarten berechnet die ausländische Bank eine Gebühr, wenn du Bargeld vom Automaten holst. Bis zum Frühjahr 2016 erstattete die DKB diese Gebühren auf Nachfrage. Diese Kulanzleistung wurde jedoch eingestellt. Eine Alternative ist die VISA-Karte der Santander Bank. Sie ist die einzige, die Auslandsgebühren erstattet (Stand: April 2016). Mit dieser Kreditkarte habe ich jedoch keine Erfahrungen gesammelt.

Tipps zum Einsatz von Kredit- und EC-Karten
• Verlass dich nicht auf eine einzige Geldkarte. Nimm mindestens zwei Karten mit!

• Trage nicht beide Kreditkarten mit dir herum, wenn es nicht unbedingt nötig ist. Verstaue eine Karte sicher in deinem Zimmer. Wenn du bestohlen wirst, sind nicht gleich beide Karten weg.

• Wenn du dennoch beide Karten am Körper trägst, dann bitte nicht an der gleichen Stelle. So kannst du im Falle eines Raubs eine Karte zusammen mit deinem Bargeld abgeben, hast aber noch eine zweite Karte.

• Warte nicht bis zum letzten Geldschein, bevor du frisches Geld vom Automaten holst. Es kommt vor, dass ein Geldautomat nicht funktioniert oder kein Geld hat oder deine Karte gesperrt ist. Achte also darauf, Barreserven zu haben.

• Du solltest immer die Notfallrufnummern deiner Banken dabeihaben. Wenn eine Karte gestohlen wird oder im Automaten stecken bleibt (oder du sie dort vergisst), kannst du die Karte sofort telefonisch sperren lassen. Dafür gibt es sogar eine zentrale Rufnummer: +49-116 116.

- Manchmal musst du deine Karte nicht sperren, sondern entsperren lassen. Alle Banken nutzen Sicherheitsmechanismen, und wenn diese etwas streng agieren, kann es sein, dass Geldkarten wegen verdächtiger Transaktionen vorsorglich gesperrt werden. In Vietnam ist mir das beim Geldabheben am Automaten zweimal passiert. Ein kurzer Anruf genügt, um die Karten wieder freizugeben.

- Es hilft, vor der Reise bei deiner Bank anzurufen und darauf hinzuweisen, dass du für einen gewissen Zeitraum in „verdächtigen" Ländern unterwegs bist. So können sie einen Vermerk in deinem Konto hinterlegen.

- Achte auf das Transaktionslimit deiner Kreditkarte. In der Regel kann nur ein bestimmter Betrag pro Transaktion oder pro Tag abgehoben werden. Der Betrag sollte groß genug sein, sodass dir nicht das Geld ausgeht, aber klein genug, sodass man bei Diebstahl der Daten nicht gleich das ganze Konto abräumen kann.

Wenn kein Geld aus dem Automaten kommt
Manchmal kommt kein Geld aus dem Automaten. In Europa ist mir das noch nie passiert, am anderen Ende der Welt jedoch häufig. Woran kann das liegen?

- Du hast kein Guthaben mehr auf der Karte und das Kreditlimit ist ausgereizt.

- Es ist kein Geld im Automaten. In Entwicklungsländern kommt das immer wieder vor.

- Der Automat kommt mit der Karte nicht zurecht. Warum auch immer. Das kommt vor.

- Die Karte wurde von deiner Bank gesperrt, weil deine Abhebungen „verdächtig" sind.

Als ersten Schritt solltest du ein oder zwei weitere Geldautomaten einer anderen Bank ausprobieren. Wenn es immer noch nicht funktioniert, prüfe, ob dein Kreditlimit ausgereizt oder ob die Karte gesperrt worden ist, indem du bei deiner Bank anrufst.

Geld auf dem Konto
Mein Reisebudget ist auf mehrere Konten verteilt. Die DKB-Kreditkarte hat den Vorteil, an ein Guthabenkonto gekoppelt zu sein. Diese Konten lade ich vor der Reise auf. Wenn ich die Kreditkarte verwende, wird mein Guthabenkonto belastet – ich bezahle also nicht wirklich auf Kredit. Auch auf meinem Girokonto liegt etwas Geld, auf das ich mit der EC-Karte oder bei Online-Überweisungen zugreifen kann.

PIN-Nummern
Die PIN-Nummern meiner Geldkarten verwalte ich auf meinem Smartphone. Die sichere Variante ist eine Passwort-App, in der die PINs gespeichert werden. Ich nutze dafür Password Safe, das sich auch mit dem Laptop synchronisieren lässt. Du kannst auch eine verschlüsselte Notiz in dem Tool Evernote hinterlegen.

3. Reiseschecks

Der Vollständigkeit halber sei hier der Reisescheck erwähnt, auch wenn dessen beste Zeiten lange vorbei sind. Reiseschecks kannst du bei deiner Bank beantragen. Der Wert der Schecks wird sofort deinem Bankkonto angelastet. Im Ausland kannst du diesen Wert dann einlösen, indem du zu einer Bank gehst und gegen Unterschrift den Gegenwert in Dollar oder Euro erhältst. Dieses Geld kannst du dann in Fremdwährung umtauschen. Angesichts der großen Verbreitung von Geldautomaten wirkt dieser Vorgang heute allerdings unnötig umständlich.

4. Onlinebanking

Für kurze Urlaubsreisen ist es unwahrscheinlich, unbedingt Überweisungen vornehmen zu müssen. Doch wer länger unterwegs ist, muss sicherstellen, sein Onlinebanking nutzen zu können.

Meine TAN-Listen habe ich eingescannt und verschlüsselt in der Cloud (Dropbox) abgelegt. Das heißt, ich kann über meinen Laptop, mein Smartphone, aber auch von externen Rechnern darauf zugreifen.

Allerdings arbeiten nicht mehr alle Banken mit TAN-Listen. Die übliche Alternative sind mobile TANs, die du als SMS auf dein Handy geschickt bekommst. Damit gibt es jedoch zwei Probleme: Oft erhalte ich die SMS im Ausland mit einer Zeitverzögerung. Das ist ausgesprochen ungünstig, wenn ich mich mitten im Überweisungsvorgang befinde. Das größere Problem ist jedoch, dass ich nicht in jedem Land und jedem Ort Netzempfang habe. Dann kann ich de facto keine Überweisungen vornehmen. Das kommt selten vor, ist mir aber schon passiert (in Peru).

Für solche Fälle habe ich mir einen TAN-Generator gekauft. Diese Geräte ähneln kleinen Taschenrechnern. Im Zusammenspiel mit der EC-Karte können sie sofort TANs generieren. Dafür scannen sie die Überweisungsdaten vom Bildschirm. TAN-Generatoren kannst du bei amazon bestellen, oder du informierst dich bei deiner Bank darüber, welche TAN-Generatoren sie empfiehlt.

Mit dieser Vorgehensweise und Ausstattung bin ich bislang überall gut zurechtgekommen. Nur wenig Bargeld, dafür lieber eine Kreditkarte mehr, die wichtigen Telefonnummern und die Online-Banking-Daten genügen, um unkompliziert und mit geringem Risiko um die Welt zu reisen.

6. Sicherheit

Wie gefährlich ist Reisen wirklich?

Reisen in exotische Länder gelten gemeinhin als gefährlich. Doch ist das wahr? Und welche Gefahren gibt es überhaupt? Dazu beziehe ich Stellung und gebe dir einige Ratschläge, wie du sicher um die Welt reist. Du wirst bald erkennen, dass Reisen weit weniger gefährlich ist, als dir andere Menschen einreden möchten.

1. Gewalt

Die größte Angst haben wir vor körperlicher Gewalt oder Waffengewalt. Schließlich lesen wir in den Zeitungen von Drogenkriegen, Entführungen und Terroranschlägen. Diese Meldungen sind nicht falsch, sie verschweigen aber die andere Seite. Beispielsweise Mexiko: Das Land hat in der öffentlichen Wahrnehmung einen sehr schlechten Ruf, gehört aber zu meinen liebsten Reisezielen. Insgesamt drei Monate habe ich in Mexiko verbracht und mich dort stets sicher gefühlt. Zwar gilt das Grenzgebiet zu den USA als vergleichsweise unsicher, als Reisender muss ich dort aber nicht hin. Der Tourismus spielt sich woanders ab. Das gilt für viele Länder: Es gibt problematische Regionen, doch als Tourist wirst du dort nicht automatisch in Konflikte verwickelt. Du kommst nicht einmal in diese Gebiete, wenn du es nicht darauf anlegst.

2. Gewalt gegenüber Frauen

Ich bin nicht der beste Ansprechpartner für dieses Thema, da ich mich nicht in eine Frau hineinversetzen kann. Als Mann habe ich immer leicht reden. Allerdings erhalte ich dazu Fragen von meinen Leserinnen. Um nicht nur mit den Schultern zucken zu müssen oder Vermutungen anzustellen, verfolge ich seit geraumer Zeit die Reiseblogs von Frauen. Einige äußern sich häufig zum Thema Sicherheit, da es Frauen mehr beschäftigt als männliche Backpacker. Zwei Blogs möchte ich dir insbesondere empfehlen: Bravebird.de und PinkCompass.de.

Einige Tipps möchte ich hier vorstellen. Viele davon gelten ebenso für Männer:

• Lege deine Höflichkeit ab. In einigen Ländern dieser Welt halten Menschen keinen großen körperlichen Abstand zueinander. Sie haben keine Berührungsängste. Das habe selbst ich als Mann erlebt und nicht besonders gemocht. Daran ist grundsätzlich nichts Schlechtes. Erst wenn es unangenehm wird, musst du reagieren. Unsere anerzogene Höflichkeit verbietet es uns, das offen anzusprechen, doch genau das solltest du tun. Sage klar und deutlich, was dir nicht passt. Sei selbstbewusst und zeige deine Grenzen auf.

• Kleide dich gemäßigt. Je mehr Haut du zeigst, desto mehr Aufmerksamkeit ziehst du auf dich. Manchmal kann die Aufmerksamkeit in Aufdringlichkeit umschlagen. In einigen Ländern eher als in anderen. Doch selbst wenn du nicht gleich belästigt wirst, kann dein Kleidungsstil in einem anderen Kulturkreis als respektlos interpretiert werden.

• Erfinde eine Geschichte: Es muss nicht jeder wissen, dass du allein reist. Man wird dich oft fragen, ob du verheiratet bist. Das kannst du bejahen und hinzufügen, dass dein Freund gleich um die Ecke kommt. Einige Solo-Backpackerinnen stecken sich sogar einen Ehering an den Finger, um Ruhe vor den lästigen Fragen zu haben und aufdringliche Menschen abzuschrecken.

- Gehe nachts nicht allein auf die Straße. Jedenfalls nicht in Gegenden, die als gefährlich gelten. Wenn du im Dunkeln raus willst, such dir Begleitung im Hostel oder verabrede dich mit deinen Reisebekanntschaften. An diesen Tipp halte ich mich zwar selbst nicht immer, doch wer ängstlich ist, muss sein Glück nicht herausfordern.

- Plane deine Flüge und Busfahrten so, dass du bei Tageslicht an- und abreist. Das macht ohnehin mehr Spaß.

- Bitte andere Menschen um Hilfe. Wenn du dich in einer Situation bedroht fühlst oder nicht weiterweißt, sprich jemanden an und bitte um Hilfe. Solange du nicht fragst, kann man dich leicht ignorieren. Dabei wollen dir die meisten Menschen helfen, du musst sie nur dazu einladen.

- Geh nie ohne dein Handy aus dem Haus. Wichtige Nummern von Hostels, Reisebekanntschaften oder auch der Polizei kannst du vorab einspeichern.

- Nutze die Privilegien von Frauen: In vielen Hostels gibt es Frauenschlafsäle, in einigen Ländern gibt es Frauenabteile im Zug oder sogar Nachtbusse und Taxis, die nur für Frauen gedacht sind.

3. Raub

Bei Raub handelt es sich um Diebstahl unter Einsatz von Waffen. In vielen Ländern – vor allem in Südostasien oder in Australien und Neuseeland – ist ein Raub extrem unwahrscheinlich. In Lateinamerika ist die Gefahr hingegen etwas größer. Das bedeutet allerdings nicht, dass es wahrscheinlich ist. Ich war mehrmals in Zentral- und Südamerika und wurde dort noch nie ausgeraubt.

Die Höhe des Risikos hängt stark davon ab, wo du dich aufhältst. Informiere dich über dein Reiseziel: Was sind gute Gegenden, und wo sollte man sich besser fern halten? In Guatemala gibt es sehr friedliche Regionen. Allerdings zählt die Hauptstadt nicht dazu. Die meisten Backpacker meiden sie, und das solltest du auch tun.

Auch dein eigenes Verhalten ist entscheidend: Wenn du nachts sturzbetrunken durch die düsteren Ecken von Mexiko-Stadt torkelst, bist du ein leichtes Opfer. Hältst du dich hingegen tagsüber in den guten Gegenden auf, wird dir wahrscheinlich nichts passieren.

Dennoch gibt es keine hundertprozentige Sicherheit. In Ländern mit einer hohen Kriminalitätsrate kann man nie *ganz* sicher sein. In all den Jahren meiner Reisen war mir lange Zeit nichts passiert. Aber irgendwann war es doch soweit: In Kapstadt standen an einem sonnigen Tag auf einer vielbefahrenen Straße plötzlich zwei junge Männer mit Messern vor mir. Sie wollten mein Smartphone und meinen Rucksack (in dem sich ein Laptop befand) haben. Die beiden wirkten etwas unsicher, daher überlegte ich kurz, was ich tun könnte. Der Verlust meiner Wertgegenstände wäre ärgerlich gewesen, aber deswegen den Helden spielen? Zu meinem Glück hielten nach kurzer Zeit zwei Fahrzeuge an, deren Fahrer auf die beiden Räuber einredeten. Die erhöhte Aufmerksamkeit war ihnen spürbar unangenehm, sodass sie von mir abließen und wegliefen. Anschließend nahm mich einer der Fahrer mit zu meinem Ziel. Es war noch mal gut gegangen, weil ich bei Tageslicht auf einer belebten Straße unterwegs war. Dass in dieser Situation überhaupt jemand einen Raub begehen will, ist ungewöhnlich – aber nicht vollkommen auszuschließen.

Tipp: Falls du eine bereits abgelaufene oder gesperrte Kreditkarte hast, trage diese mit dir herum. Im Falle eines

Raubs kannst du sie abgeben, um die Räuber zufriedenzustellen.

4. Diebstahl

Die größte Gefahr besteht darin, bestohlen zu werden. Du kannst das Risiko jedoch selbst reduzieren, indem du auf deine Sachen acht gibst und ein paar einfache Regeln befolgst:

- Es versteht sich von selbst, dass du nie etwas unbeaufsichtigt liegen lässt. Fordere dein Glück nicht heraus.
- Trage deine Wertsachen am Körper, nicht im Rucksack.
- Stecke deine Geldbörse nicht locker in deine Gesäßtasche.
- Lass bei einer Busfahrt keine Wertsachen in deinem Gepäck, sondern nimm alles mit in den Bus.
- Lass im Bus nicht deinen Tagesrucksack neben dir liegen, während du schläfst.
- Trage nach Möglichkeit nie alle deine Wertsachen mit dir herum. Andere Backpacker empfehlen genau das Gegenteil, weil alles, was du im Zimmer liegen lässt, gestohlen werden kann. Doch ich sorge mich nicht so sehr vor kleinen Diebstählen, sondern mehr davor, dass alles auf einmal weg ist.
- Sei in großen Menschenmengen besonders aufmerksam.
- Stelle deine Wertsachen nicht offen zur Schau. Viele Menschen verdienen im Jahr nicht so viel Geld, wie deine Kamera kostet. Verstaue sie im Rucksack, und nimm sie nur heraus, wenn du sie brauchst.
- Nutze den Safe im Zimmer, sofern es einen gibt. Falls nicht, nutze den Safe an der Rezeption.
- Steh nicht planlos in der Gegend herum: Wer ziellos und unsicher wirkt, ist ein gern gesehenes Opfer. Tritt

selbstbewusst auf, und am besten funktioniert das, wenn du vorbereitet bist.

Im Übrigen gibt es umfassende Reiseversicherungen, die dir auch bei Diebstahl zur Seite stehen. Eine bekanntere ist WorldNomads.com. Ich nutze sie allerdings nicht. Für mich ist der mit einem Diebstahl verbundene Ärger und Aufwand schlimmer als der Verlust meiner Sachen. Diesen Ärger kann ich auch mit einer Versicherung nicht umgehen.

5. Naturkatastrophen

Solche Katastrophen sind meist wetterbedingt. Es gibt in vielen Regionen Jahreszeiten, in denen eine erhöhte Gefahrenstufe herrscht. Zum Beispiel ist die Gefahr eines schweren Taifuns in Asien von Juli bis November am höchsten. In Nord- und Zentralamerika herrscht im späten Sommer Hurrikan-saison. Wer komplett auf Nummer sicher gehen möchte, sollte diese Monate meiden. Doch selbst wenn du in dieser Zeit dort bist, muss es nicht gefährlich für dich sein. So zynisch es klingt, aber als Tourist hast du einen großen Vorteil gegenüber Einheimischen: Du kannst das Gebiet verlassen, wenn ein Sturm aufzieht.

Ein paar Tage vor meiner letzten Mexikoreise wurde das Land durch zwei Hurrikane getroffen. Wäre ich früher dort gewesen, hätte ich unter schlechtem Wetter gelitten – mehr nicht. Denn die akute Gefahrenzone war vergleichsweise klein und weit entfernt von meinem Aufenthaltsort. Selbst vor Ort hätte ich entweder abreisen oder das Unwetter aussitzen können. Die wacklige Holzhütte am Strand ist dann vielleicht nicht die beste Unterkunft.

Außerdem gibt es gerade in Lateinamerika und Neuseeland Erdbeben. Sogar ziemlich regelmäßig. Aber oft nicht so stark, dass sie eine Gefahr für Leib und Leben darstellen.

Zu guter Letzt gibt es in einigen Ländern aktive Vulkane. Je aktiver ein Vulkan, desto höher sind jedoch die Sicherheitsvorkehrungen vor Ort. Daher kann nicht viel passieren. Ein Restrisiko besteht natürlich immer, aber es bleibt ja dir überlassen, ob du auf einen aktiven Vulkan steigen möchtest.

6. Krankheiten

Exotische Länder bergen die Gefahr exotischer Krankheiten in sich. Vor deiner Abreise solltest du dir daher die wesentlichen Impfungen verpassen lassen. Vor Ort musst du dich vor Moskitos schützen und beim Essen aufpassen. Das heißt: Nichts essen, das verdorben aussieht oder riecht und auch kein Leitungswasser trinken. Wenn du diese einfachen Tipps beherzigst, wirst du höchstwahrscheinlich gesund wieder nach Hause kehren. Im nächsten Kapitel vertiefen wir das Thema Gesundheit.

7. Betrug und Abzocke

Eine täglich lauernde Gefahr besteht darin, von gewieften Einheimischen abgezockt zu werden. Vor allem in den ersten Tagen einer Reise sind Backpacker dafür sehr anfällig. Es gibt einige Tricks, mit denen du um dein Geld erleichtert werden sollst. Oft sind es nur Kleinigkeiten: Der Taxifahrer, der den doppelten Preis verlangt, oder der Straßenhändler, der dir Ramsch-Souvenirs für zu viel Geld andrehen will.

In sehr touristischen Gebieten musst du dich auch auf andere Methoden einstellen. Da erzählt dir jemand, dass der Tempel geschlossen wäre, er dich aber gern zu einem anderen fahren kann. Oder:»Der Bus fährt heute nicht, aber ich kann dich fahren.« Oder:»Das Hostel ist abgebrannt. Ich bringe dich in ein anderes.« Das ist fast immer gelogen. Ich würde keinem Einheimischen trauen, der aus dem Nichts auftaucht und mir eine Dienstleistung anbietet. Für solche Leute bist du ein wandelnder Geldautomat. Lass dich davon nicht beeindrucken. Vertraue auf dein Bauchgefühl, lächle freundlich und geh weg.

Vermeide Situationen, in denen du mangels Alternativen dem Wohlwollen anderer Menschen ausgeliefert bist. Wenn du in einer ruhigen Gegend mitten in der Nacht ein Taxi suchst, kann der Fahrer den Preis bestimmen.

Nicht jede Abzocke kannst du vermeiden. Oft handelt es sich jedoch nur um ein paar Cent oder wenige Euro. Damit kann man wohl leben.

Zur Vorbereitung solltest du in Reiseführern oder Blogs nachlesen, was die typischen Tricks im Land deiner Wahl sind. Mit diesem Wissen kannst du sie leicht erkennen und ihnen aus dem Weg gehen. An meinem ersten Tag in Bangkok durchlebte ich gleich mehrere Situationen, von denen ich vorher im Reiseführer gelesen hatte. Mit dem Vorwissen fiel es mir leicht nicht darauf reinzufallen.

8. Verkehr

Nicht überall auf der Welt ist der Verkehr so gut reguliert wie in Deutschland, Österreich und der Schweiz. Spätestens wenn du in Vietnam eine viel befahrene Straße überqueren möchtest, wünschst du dir eine Ampel. Ja, der Verkehr kann in Entwicklungs- und Schwellenländern verrückt sein. Dort wird auf Regeln oft keinen großen Wert gelegt. Da fehlen Ampeln, Motorräder fahren auf dem Fußweg, Geschwindigkeitsgrenzen sind unbekannt, und jeder macht, was er will. Das kommt vor, und du solltest dabei besonders vorsichtig sein.

Trotzdem muss dich das nicht davon abhalten, am Verkehr teilzunehmen. Beherzige vor allem diese Grundregel: Vergiss alles, was du in der Fahrschule gelernt hast, und füge dich nahtlos in den Verkehr ein. Beobachte die Einheimischen, und mach ihnen alles nach. Sie kennen nur ihre „Regeln" und erwarten von jedem Verkehrsteilnehmer das gleiche Verhalten. Mit der sturen Befolgung unserer Straßenverkehrsordnung handelst du dir im Zweifel nur Probleme ein.

Manchmal kannst du gar nicht anders: In Saigon oder Hanoi wirst du nie eine Straße überqueren können, wenn du nicht einfach losgehst, obwohl 50 Motorräder auf dich zugerollt kommen. Aber du wirst sehen: Wenn du mitspielst, funktioniert es sehr gut. Sie fahren einfach um dich herum.

Bei langen Busfahrten – vor allem in der Nacht – solltest du lieber in die touristische Luxusversion investieren, anstatt den billigen lokalen Bus zu wählen. Die Qualität der Busse ist wesentlich höher, und vielleicht gibt es sogar zwei Fahrer anstatt eines übermüdeten.

9. Alkohol und Drogen

Manche Backpacker verwechseln eine Reise mit einer ausgelassenen Party. Abstürze sind da keine Seltenheit. Solange du nicht bei allem mitmachst, hast du nichts zu befürchten. Trinke nicht zu viel Alkohol, nur weil das Bier bloß 50 Cent kostet. Alkoholisiert bist du ein leichtes Opfer für Überfälle und Diebstähle. Das Gleiche gilt für Drogen. In einigen Ländern gibt es zudem drastischere Strafen als hierzulande. Halte dich von Drogen einfach fern. Das minimiert viele Risiken.

10. Politische Unruhen

In den Medien ist immer wieder von politischen Unruhen zu hören. Mal ist es Thailand, mal Ägypten, und morgen wird es ein anderes Land sein. Natürlich muss man jeden Fall für sich bewerten, doch grundsätzlich gilt: Es wird nichts so heiß gegessen, wie es von den Medien gekocht wird. Wenn von Aufständen in Mexiko-Stadt berichtet wird, ist das unter Umständen nur eine kleine Gruppe von Lehrern, die friedlich demonstriert (eigene Erfahrung). Wenn in Bangkok die Menschen auf den Straßen demonstrieren, betrifft das nur sehr wenige Gebiete in der Stadt. Außerhalb Bangkoks wirst du davon nicht einmal etwas mitbekommen. In Ägypten hättest du entspannt am Strand liegen können, als es in Kairo sehr unruhig war. Ob du das machen solltest, ist eine andere Frage.

Ich habe mich bislang in jedem Land wohl gefühlt. Auch in Ländern, die als unsicher gelten: Mexiko, Guatemala, Kolumbien und Südafrika. Um ehrlich zu sein, fühle ich mich in manchen Gegenden der USA weniger wohl als in Lateinamerika. Doch kaum jemand würde sich ernsthafte Sorgen machen, wenn du in die USA fliegst.

Jedes Land ist sicher und gleichzeitig unsicher. Viel hängt davon ab, wo du dich aufhältst, was du dort machst und wie du dich verhältst. Sei aufmerksam, respektvoll und werde nicht nachlässig. Sich zu sicher zu fühlen ist eine Falle. Aber sei nicht paranoid, denn Angst lähmt! Vertraue deinem Bauchgefühl: Wenn sich etwas nicht richtig anfühlt, geh weg, aber mach dich deswegen nicht verrückt. Reise mit Sinn und Verstand um die Welt, dann kommst du unversehrt nach Hause zurück. Die Welt ist ein freundlicher Ort. Das habe ich unter anderem im vermeintlich gefährlichen Guatemala erlebt, wo der Wert eines iPhones einem Jahreseinkommen entspricht. Ich hatte es im Café liegen gelassen, und war sicher, es nie wiederzusehen. Doch als ich zwei Stunden später zurückkehrte, drückte es mir die Kellnerin des Cafés in die Hand. Das ist die Seite Guatemalas, über die du nicht in der Zeitung liest.

Wichtige Dokumente sichern

Das meiste in unseren Rucksäcken können wir leicht ersetzen. Ein paar T-Shirts sind unterwegs schnell gekauft. Doch wenn wichtige Dokumente verloren gehen, ist es besonders ärgerlich. Das kann passieren. Daher solltest du diese Dokumente digital sichern. Das macht es später leichter, ein verlorenes Dokument zu ersetzen (z. B. den Reisepass). Außerdem brauchst du oft nicht das Dokument selbst, sondern nur die Information, die darauf steht.

Dokumente zu digitalisieren ist leicht. Wenn du Zugriff auf einen Scanner hast, solltest du diesen nutzen, da ein solches Gerät die beste Qualität liefert. Ist dir das zu umständlich, so kannst du alles auch einfach abfotografieren (achte dabei auf die Lesbarkeit!).

Was genau solltest du digitalisieren?

- Reisepass (nur die ersten beiden wichtigen Seiten)
- Personalausweis (Vorder- und Rückseite)
- Impfausweis (mit den Infos zu deinen Impfungen)
- Führerschein
- Internationaler Führerschein
- Nachweis der Auslandskrankenversicherung
- Kreditkarten (Dateien verschlüsseln!)
- PINs und TAN-Listen (Dateien verschlüsseln!)
- Notfallrufnummern der Banken
- Wichtige Telefonnummern und Adressen
- Buchungsbestätigungen (Flugtickets, Mietwagen etc.)
- Tauchnachweis

So speicherst du diese Dateien ab

Am besten speicherst du die Dateien in der Cloud, also im Internet mithilfe von Tools wie Dropbox oder Google Drive. Beide Services bieten einige Gigabyte kostenlosen Speicherplatz. Die Dateien kannst du zwischen allen deinen Geräten synchronisieren. Selbst wenn du keine Geräte hast, kannst du dich im Internetcafé mit deinem Passwort online bei Dropbox oder Google Drive anmelden und die Daten abrufen.

Falls du ein solches Tool nicht verwenden möchtest, kannst du dir die Dokumente auch einfach selbst per E-Mail schicken und von unterwegs abrufen. Aber achte darauf, dass dein E-Mail-Anbieter die Nachrichten nicht nach ein paar Tagen oder Wochen automatisch löscht.

Wenn du nichts im Internet speichern möchtest, sichere alles auf einem USB-Stick. Bitte bedenke, dass der Stick verloren gehen kann. Besser wäre, zwei Sticks mitzunehmen und sie in je einem Rucksack zu verstauen.

Letztendlich kannst du das Wichtigste natürlich auch ausdrucken und auf Papier dabeihaben.

Bonus-Tipp: Falls du ein Tool verwendest, das deine Passwörter speichert, solltest du das auch in der Cloud oder auf einem USB-Stick speichern, denn unterwegs wirst du dich kaum an alle Passwörter erinnern können. Ein Passwort-Tool verschlüsselt deine Passwörter automatisch. Sie können nur mit einem Master-Passwort gelesen werden. Ich verwende dafür das Tool Password Safe.

Keine Panik! Das sind alles nur Vorsichtsmaßnahmen, die dazu dienen, dein Gewissen zu beruhigen. In neun Jahren ist mir auf Reisen noch nie etwas abhanden gekommen. Sei vorsichtig, dann passiert vermutlich nichts. Und selbst wenn: Das meiste lässt sich leicht ersetzen oder ist für eine Weile verzichtbar. Falls du alles verlieren solltest, sind nur zwei

Dinge wirklich problematisch: der Reisepass und die Kreditkarten. Doch auch dafür gibt es Lösungen.

Was, wenn der Reisepass weg ist?

Den Reisepass zu verlieren ist ärgerlich. Aber es gibt immer eine Lösung. Bisher ist noch jeder wieder nach Hause gekommen! Wenn es passiert, wirst du die Situation nehmen, wie sie ist, und dich um einen neuen Pass kümmern.

In diesem Fall musst du dich an die deutsche Botschaft oder ein Konsulat in dem Land wenden, in dem du dich gerade aufhältst. Es gibt höchstens eine Botschaft (in der Hauptstadt), aber oft mehrere Konsulate, die im Land verteilt sind. Wo diese sich befinden, kannst du bei Google herausfinden oder auf Konsulate.de. Österreicher und Schweizer wenden sich entsprechend an ihre jeweiligen Landesvertretungen.

Im ersten Schritt kannst du die Botschaft bzw. das passende Konsulat per E-Mail anschreiben. Die meisten antworten am gleichen Tag, aber genau wissen kann man das vorher nie. Dort wirst du Hinweise erhalten, was nun zu tun ist. Ich kann es dir aber schon sagen:

- Erstatte eine Verlustanzeige bei der Polizei. Diese brauchst du später, um einen neuen Pass zu bekommen. Erkundige dich in deinem Gästehaus wie das funktioniert oder suche im Internet nach Erfahrungsberichten.
- Besorge dir Passfotos (falls du keine dabeihast).
- Gehe mit der Anzeige, den Fotos und einer Kopie des Reisepasses zur Botschaft oder zum Konsulat.
- Beantrage dort einen vorläufigen Ersatzpass (dauert ein bis zwei Tage) oder einen neuen Reisepass (dauert länger).

Mit dem Ersatzpass kommst du wieder nach Hause. Falls du auf einer langen Reise bist und noch andere Länder besuchen möchtest, wäre ein Reisepass besser, da du mit dem Ersatzpass Probleme bekommen kannst.

Insgesamt ist das alles gar nicht so schlimm. Ja, du musst umdisponieren und vielleicht in eine andere Stadt reisen, du verlierst auch Urlaubstage. Aber letztendlich ist das alles harmlos. Du bekommst einen neuen Reisepass.

Was, wenn die Kreditkarte weg ist?

Eine Kreditkarte zu verlieren ist auch nicht lustig. Zunächst einmal rate ich dir deshalb, nicht nur *eine* Kreditkarte dabeizuhaben. Ich bewahre meine beiden Kreditkarten getrennt voneinander auf. Eine lasse ich in meinem Zimmer, und eine habe ich am Körper. Es ist sehr unwahrscheinlich, dass jemand in mein Zimmer einbricht und ich zeitgleich ausgeraubt werde.

Es kann aber auch sein, dass eine Kreditkarte von der Bank gesperrt wird. Oft lässt sich das durch einen Anruf bei der Bank beheben. Ganz selten kann es vorkommen, dass eine Karte dauerhaft gesperrt wird – z. B. weil die Daten im Internet in die falschen Hände geraten sind. In diesem Fall ist die Sperre nicht rückgängig zu machen.

Zwar schickt dir die Bank sofort eine neue Karte zu – aber an deine Heimatadresse. Du kannst sie dir allerdings auch ins Ausland schicken lassen. Für einen Urlaub ist das aber sehr unpraktisch, weil du dann eine Versandadresse brauchst und die Zusendung eine Woche oder mehr in Anspruch nehmen kann. Im Normalfall solltest du ja noch mindestens eine zweite Geldkarte dabeihaben.

Wie du trotzdem an Bargeld gelangst

Was passiert nun aber, wenn wirklich alles weg ist oder du deine Karten aus irgendwelchen Gründen nicht nutzen kannst? Das ist zwar sehr unwahrscheinlich, aber nicht völlig ausgeschlossen. Auch für solche Fälle gibt es Lösungen.

Wenn du sofort Geld brauchst, sprich andere Reisende in deinem Hostel an. Am besten funktioniert das, wenn du deutschsprachige Backpacker findest. Menschen neigen dazu, „ihresgleichen" zu helfen. Du kannst ihnen versprechen, das Geld später zurückzuzahlen oder du überweist ihnen per Onlinebanking etwas Geld auf ihr Bankkonto. Da du deine Daten in der Cloud speichern solltest, kannst du auf PINs und TANs zugreifen. Falls du ein Paypal-Konto hast, kannst du deinen Helfern das Geld auch auf diesem Wege schicken.

Wenn das nicht funktioniert, gibt es eine Alternative. Die ist zwar teuer, aber das spielt in diesem unangenehmen Moment wohl keine große Rolle. Du kannst dir selbst Bargeld schicken, und zwar mit Western-Union. Dafür gehst du auf die Website WesternUnion.com, meldest dich dort an und überweist per Onlinebanking Geld von deinem Konto auf das Western-Union-Konto. Anschließend bekommst du einen Zahlen-Code, mit dem du dir in jeder Western-Union-Filiale der Welt dein Geld auszahlen lassen kannst. Diese Filialen gibt es in den meisten Städten – mehr als 500.000 weltweit! Oft sind das nur ganz kleine Schalter mitten in der Stadt. Wo es Filialen gibt, kannst du auf der Western-Union-Website nachlesen.

Das funktioniert übrigens auch, wenn du dir nicht selbst Geld schickst, sondern deine Eltern oder Freunde darum bittest. Sie können die Überweisung im Internet ausführen und müssen dir lediglich den Zahlen-Code nennen. Du siehst: Selbst wenn alle Stricke reißen, gibt es immer eine Lösung.

7. Gesundheit

So bleibst du unterwegs gesund

Reisen ist nicht nur Spaß und Leichtigkeit, sondern auch anstrengend – vor allem wenn du in exotische Länder fährst: Dort erwarten dich eine andere Zeitzone, ein anderes Klima, anderes Essen, unbekannte Bakterien und exotische Krankheiten. Diese Umstellung ist für den Körper ein Schock. Daher solltest du es langsam angehen und dich nicht überfordern.

Ich war auf Reisen noch nie ernsthaft krank, und ich bin nicht gerade derjenige, der sich in alle Richtungen komplett absichert und viele Vorkehrungen trifft. Deshalb genügen für mich wenige Maßnahmen, mit denen ich bislang sehr gut gefahren bin:

1. Vor der Sonne schützen
Die Sonne kann den Körper auszehren. Dann fühlst du dich schlecht. Die Sonne wirkt übrigens in verschiedenen Regionen dieser Welt ganz anders – oft stärker als bei uns. Vor allem in Australien ist die Einstrahlung so extrem, dass es auf der Haut richtig brennt. Daher solltest du in jedem Fall Sonnencreme verwenden. Am besten mit Lichtschutzfaktor 30. In Australien noch mehr. Schütze auch deinen Kopf vor der Sonne! Erspare dir einen unnötigen Sonnenbrand oder Sonnenstich.

2. Genug Wasser trinken
In heißen Ländern musst du viel mehr trinken. Lass deinen Körper nicht austrocknen! Daher solltest du immer mindestens eine kleine Wasserflasche dabeihaben und bei längeren Ausflügen deutlich mehr.

Trinke in Entwicklungs- und Schwellenländern jedoch kein Leitungswasser, denn anders als bei uns ist es meistens kein Trinkwasser. In vielen Ländern putze ich mir mit Leitungswasser nicht einmal die Zähne.

3. Hygiene
Es versteht sich von selbst, aber ich erwähne es besser: Du solltest dich und vor allem deine Hände regelmäßig waschen, um die für den Körper ungewohnten Erreger loszuwerden.

4. Wunden desinfizieren
Selbst kleine Wunden solltest du desinfizieren. Dafür hast du ja ein Desinfektionsmittel dabei (siehe Packliste). In fremden Ländern gibt es viele exotische Erreger, mit denen der Körper nicht so schnell zurechtkommt.

5. Gesund essen & trinken
Ernährung spielt eine große Rolle für deine Gesundheit. Verpflege dich nicht nur mit Cola und Schokoriegeln. Genieße am besten lokale Spezialitäten und iss nicht so viel von dem westlichen Essen, das hauptsächlich aus Burger und Pizza besteht. Das schmeckt zu Hause sowieso viel besser! Hab keine Angst vor Straßenständen und lokalen Restaurants. Dort wo die Einheimischen essen, ist das Essen in Ordnung. Man kann allerdings kaum vorhersagen, wo sich etwas ins Essen mischt, das da nicht hingehört. Du kannst dir den Magen am Straßenstand verderben oder im teuren Touristenrestaurant. Ich habe bislang kein Schema entdeckt!
Wenn Lebensmittel offensichtlich vergammelt sind oder in der Sonne lagen: Finger weg! Auch auf Eiswürfel solltest du

verzichten, denn die sind meistens aus Leitungswasser gemacht. Rohe Lebensmittel würde ich vermeiden, wenn davon auszugehen ist, dass sie mit Leitungswasser gewaschen wurden.

6. Entspannen statt stressen

Lass deine Reise nicht in Stress ausarten. Überanstrenge dich nicht, sondern baue immer wieder Erholungsphasen ein. Urlaub soll der Entspannung und Erholung dienen. Das heißt in der Praxis: keine Partyexzesse, ausreichend Schlaf und auch kein zu straffer Reiseplan. Anstatt alle zwei Tage weiterzureisen, bleib einfach mal etwas länger an einem Ort.

7. Vor Moskitos schützen

Einige fiese Krankheiten werden durch Moskitos übertragen. Der beste Schutz vor diesen Krankheiten ist deshalb der Schutz vor Moskitos. Du solltest immer ein gutes Anti-Moskito-Spray dabeihaben und dich damit regelmäßig einsprühen, wenn du in Gebieten mit hoher Moskitodichte bist. In solchen Regionen musst du im Zweifel auf eine Chemiekeule zurückgreifen. Auch lange, helle Kleidung hilft. Bist du besonders anfällig für Moskitostiche, dann verwende auch ein Spray für die Kleidung.

In Malariagebieten – vor allem im Dschungel – werden in den meisten Unterkünften Moskitonetze gestellt. Falls du besonders unsicher bist, kauf dir eines und nimm es mit.

8. Gesunden Menschenverstand nutzen

Manche Backpacker schaden sich selbst, indem sie ihren Verstand nicht benutzen. Viele Unfälle oder Krankheiten ließen sich so vermeiden. Der Klassiker: Mit Flip-Flops auf den Berg steigen. Das ist einfach unnötig. Also, geh keine unsinnigen Risiken ein, sei nicht übermütig und höre auf deinen Bauch.

9. Medizinische Vorsorge

Du kannst bereits zu Hause vorsorgen, indem du dich impfen lässt. Welche Impfungen du brauchst, erzähle ich dir im nächsten Abschnitt. Auch eine ordentliche Reiseapotheke solltest du dabeihaben. Darüber liest du in Kapitel 8.

Was ist, wenn du doch krank wirst?

Trotz aller Vorkehrungen passiert es manchmal doch. Es lässt sich nicht ganz vermeiden, und schon deshalb solltest du dich nicht verrückt machen: Sei vorsichtig, aber übertreibe es nicht. Wenn es passiert, passiert es. In den wenigsten Fällen handelt es sich um schwere Erkrankungen. Wer unterwegs krank wird, hat sich meistens ein Magen-Darm-Problem eingefangen.

Wenn es dich erwischt, solltest du es langsam angehen und nicht rigoros deinen Reiseplan durchziehen. In dieser Zeit macht das Reisen ohnehin keinen Spaß. Dann ist es auch in Ordnung, dich zu entspannen und zu warten, bis es besser wird. Bleib ein paar Tage auf deinem Zimmer liegen und leide ein bisschen. Manchmal ist es schon nach einem Tag vorbei, es kann sich aber auch drei bis fünf Tage hinziehen. Wenn es mich länger erwischt, ziehe ich gern in eine bessere Unterkunft um, wo es zum Beispiel eine Klimaanlage, einen Fernseher und gutes WLAN gibt. So ist diese unangenehme Zeit leichter zu ertragen.

Solange du kein Fieber hast, ist sehr wahrscheinlich alles in Ordnung. Kommt Fieber dazu, muss das trotzdem nicht problematisch sein, aber dann solltest du zumindest auch auf andere Symptome achten. Fieber ist nämlich ein Symptom ernsthafter Krankheiten wie Dengue-Fieber oder Malaria. Da ich die genauen Symptome solcher Krankheiten nach fünf Minuten wieder vergesse, suche ich im Krankheitsfall bei Google nach „Malaria Symptome" oder „Dengue Fieber Symptome". Nach ein paar Minuten kann ich erahnen, ob diese Krankheiten infrage kommen oder nicht.

Sollte die Selbstdiagnose nicht eindeutig sein, frag einen Einheimischen, was von den Symptomen zu halten ist. Du kannst auch andere Reisende fragen, doch die reagieren vermutlich unnötig panisch. Einheimische gehen mit den dort typischen Krankheiten entspannter um. Wenn du unsicher bist, solltest du zum Arzt gehen oder in ein Krankenhaus fahren, sofern du in einer größeren Stadt bist. Empfehlungen gibt es in jedem Reiseführer oder von den Einheimischen.

Ich war nie in einem ausländischen Krankenhaus, und kann daher nur von Erzählungen berichten. In den meisten Fällen sind Reisende überrascht, wie hoch der Standard in den Krankenhäusern von Entwicklungs- und Schwellenländern ist. Je größer die Stadt, desto besser sind die Krankenhäuser. Mach dich aber nicht verrückt. Dass du ernsthaft krank wirst, ist sehr unwahrscheinlich. Vor allem wenn du die Tipps hier befolgst und dich auch impfen lässt. Dazu kommen wir jetzt.

Diese Impfungen brauchst du

Impfungen sind umstritten, denn sie sind eine Belastung für den Körper. Ich habe sie jedoch nie so empfunden. In Ostdeutschland bin ich mit Impfungen aufgewachsen, daher ist es für mich normal, eine empfohlene Impfung wahrzunehmen.

Bevor du zum ersten Mal in ein exotisches Land reist, solltest du einen Tropenarzt konsultieren und dich beraten lassen. Keine Sorge, das muss nicht vor jeder Reise sein. Nur vor der ersten. Dort kannst du dein Reiseziel besprechen und wirst dazu beraten, welche vorsorglichen Maßnahmen notwendig sind. Dabei handelt es sich in erster Linie um Impfungen, die international zum Standard gehören.

Informiere dich mindestens sechs Wochen vor deiner Reise (am besten aber schon sechs Monate vorher), denn für einige Impfungen musst du mehr als einmal zum Arzt gehen. Wenn du das alles sorgfältig machst, bist du für die nächsten zehn Jahre geschützt. So lange halten die gängigen Impfungen. Einen Tropenmediziner in deiner Nähe findest du unter Dtg.org in der „Arztsuche". Nimm deinen Impfpass mit. Falls du keinen hast, bekommst du den dort. Informationen über empfohlene Impfungen in deinem Reiseland findest du auf der Website des Robert Koch Instituts (Rki.de).

Empfohlene Impfungen

Auch für das Leben in Deutschland, Österreich und der Schweiz werden einige Impfungen empfohlen, vor allem: Tetanus, Diphtherie und Polio. Falls du diese noch nicht hast, wäre vor deiner Reise ein guter Zeitpunkt, sie dir verpassen zu lassen. Alle drei gibt es in einer gemeinsamen Spritze.

Für Reisen in tropische Gebiete gibt es darüber hinaus ein paar Empfehlungen. Hier geht es vor allem um die Regionen Südostasien und Lateinamerika – die gängigen Backpacker-Reiseziele.

1. Hepatitis A+B

Bei Hepatitis handelt es sich um eine weltweit verbreitete Virusinfektion der Leber. Sie tritt insbesondere in tropischen Ländern auf. Für eine lang anhaltende Wirkung musst du dich dreimal impfen lassen. Nach dem ersten Termin musst du vier Wochen später erneut zum Arzt und dann noch einmal sechs bis zwölf Monate später. Die Impfung wirkt bereits nach der zweiten Dosis. Zehn Jahre Schutz gibt es allerdings erst nach der dritten Impfung. Das ist eine absolute Pflichtimpfung für Reisen in exotische Länder.

2. Gelbfieber

Gelbfieber ist eine gefährliche Infektionskrankheit, die durch Moskitos übertragen wird. Sie kommt nur in einigen Gebieten Südamerikas und Afrikas vor. Die Impfung muss spätestens zehn Tage vor der Reise erfolgen. Vor allem im Amazonasgebiet wird diese Impfung empfohlen.

3. Tollwut

Eine tödliche Viruserkrankung, die durch Tiere übertragen wird. Tollwut gibt es in vielen Ländern dieser Welt, ist aber nur wirklich ein Problem, wenn du mit Tieren in Berührung kommst. Es handelt sich um keine absolute Pflichtimpfung, aber es ist auch nicht abwegig, sich gegen Tollwut impfen zu lassen. Wenn du die Impfung nicht hast, halte dich von Tieren besser fern.

4. Japanische Enzephalitis

Das ist eine Virusentzündung des Gehirns, die durch Mücken übertragen wird. Zu ihr wird geraten, falls du innerhalb Südostasiens viel Zeit in ländlichen Gegenden verbringen willst. Ich habe sie nicht. Lass dich dazu vom Tropenarzt beraten.

Was tun gegen Malaria?

Wenn du an tropische Krankheiten denkst, kommt dir wahrscheinlich zuerst Malaria in den Sinn. Gegen Malaria kann man sich leider nicht impfen lassen. Es gibt drei Möglichkeiten, mit dieser Gefahr umzugehen:

1. Vorsorglich Medikamente einnehmen

Es gibt Medikamente, die du vorsorglich einnehmen kannst. Das beginnt schon vor der Reise und zieht sich noch einige Zeit nach der Reise hin. Diese Medikamente können unangenehme Nebenwirkungen haben, und es gibt keine hundertprozentige Sicherheit, dass sie wirken. Einige Reisende nutzen solche Medikamente trotzdem. Ich allerdings nicht.

2. Stand-by-Medikamente
Falls du erkrankst, kannst du diese verschreibungspflichtigen Medikamente einnehmen, bis du ins Krankenhaus gelangst. Allerdings sind sie teuer und du kannst nicht das gleiche Medikament weltweit verwenden. Für jede Region brauchst du etwas anderes. Während meiner ersten Reise hatte ich solch ein Medikament dabei – danach allerdings nie wieder. Falls du ein Stand-by-Medikament dabei haben möchtest, lass es dir schon in Deutschland von einem Arzt verschreiben.

3. Gar keine Medikamente einnehmen
Die dritte Option ist, gar nicht vorzusorgen und im Krankheitsfall schnell zum Arzt zu gehen. So mache ich es mittlerweile. Oder sagen wir mal, das ist mein Plan. Denn ich bin noch nie an Malaria erkrankt.

Lass dich dazu vom Tropenmediziner beraten. Die Entscheidung liegt bei dir und hängt davon ab, wie viele Sorgen du dir machst. Besorgte Menschen sollten lieber vorsorgen, um ihre Reise ohne Angst genießen zu können. Informationen zu Malariagebieten findest du auf Dtg.org.

Auslandskrankenversicherung

Du bist nun gut auf die gesundheitlichen Risiken einer Reise vorbereitet. Eines brauchst du jedoch noch: Eine Auslandskrankenversicherung. Zwar beinhalten einige gesetzliche Krankenversicherungen auch einen Auslandsschutz, doch vermutlich deckt deine Krankenkasse nur Behandlungskosten im Inland ab. Aber das ist kein Problem, denn Krankenversicherungen fürs Ausland sind sehr preiswert. Grundsätzlich werden zwei Arten unterschieden: Krankenversicherungen für kurze Urlaubsreisen und für Langzeitreisen.

Versicherungen für Urlaubsreisen

Für eine gewöhnliche Urlaubsreise brauchst du nur eine einfache Auslandskrankenversicherung. Diese deckt jede Reise ab, die nicht länger als 45 Tage (manchmal auch 56 Tage) dauert. Auch mehrere Reisen dieser Länge pro Jahr sind möglich.

Diese Versicherung musst du in jedem Fall vor Reisebeginn abschließen und auch rechtzeitig bezahlen, sonst besteht kein Versicherungsschutz. Das geht alles sehr kurzfristig, also noch ein oder zwei Tage vor der Reise. Die Zahl der Anbieter ist unüberschaubar hoch. Um nur einige zu nennen: ADAC, ERV, Ergo, DEVK und viele mehr. Suche einfach bei Google nach „Auslandskrankenversicherung".

Eine solche Versicherung wird für ein Jahr geschlossen und verlängert sich automatisch, sofern du sie nicht kündigst. Sie kostet nicht mehr als 10 bis 12 Euro im Jahr.

Nebenbei läuft deine heimische Krankenversicherung weiter. Sobald du nach Hause zurückkehrst, übernimmt sie wieder ihre Leistungen. Die Auslandskrankenversicherung deckt die Behandlungskosten im Ausland ab. Dort musst du übrigens in Vorkasse gehen und erhältst das Geld im Anschluss erstattet. Die Leistungen aller Versicherungen sind sehr ähnlich. Auf ein paar Kriterien solltest du jedoch achten: Krankentransporte innerhalb des Auslands und der Rücktransport in die Heimat sollten abgesichert sein. Auch die hundertprozentige Übernahme der Kosten für Heilbehandlungen bei keinem oder nur geringem Selbstbehalt ist sinnvoll.

Tipp: Bei einigen Kreditkartenanbietern ist ein Versicherungsschutz für das Ausland bereits enthalten. Das kannst du in den Vertragsbedingungen prüfen.

Versicherungen für Langzeitreisen

Für Reisen, die länger als 45 Tage (bzw. 56 Tage) dauern, brauchst du eine Langzeitversicherung. Diese sind teurer als die Versicherungen für Urlauber, aber immer noch günstig. Du kannst sie tagesgenau buchen, was praktisch ist, wenn du den Zeitraum deiner Reise bereits kennst. Sollte deine Reise länger dauern, kannst du die Versicherung von unterwegs verlängern – bis zu mehreren Jahren!

Eine Langzeitversicherung kostet zwischen 1 Euro und 1,50 Euro pro Tag. Falls du in die USA oder nach Kanada reist, wird es allerdings deutlich teurer. Du kannst deine Versicherung im Internet abschließen und erhältst den Versicherungsschein per E-Mail. Den solltest du digital abspeichern bzw. ausdrucken und mitnehmen.

Auch bei Langzeitversicherungen zahlt man in der Regel alles in Vorleistung und reicht die Rechnungen anschließend bei der Versicherung ein. Ausnahmen sind teure Krankenhausaufenthalte.

Meine eigene Erfahrung

Ich hatte über mehrere Jahre eine einfache Auslandskrankenversicherung der DEVK, die ich jedoch nie in Anspruch nehmen musste. Seit einiger Zeit bin ich als Selbstständiger privat versichert. Meine Versicherung sichert auch lange Auslandsreisen ab, daher benötige ich keine spezielle Versicherung fürs Ausland. Von anderen Reisenden wurde mir häufig die Langzeit-Auslandskrankenversicherung der HanseMerkur empfohlen.

Neben der reinen Krankenversicherung gibt es auch Komplettversicherungen, die weitergehen, als nur die Gesundheit abzusichern. Da geht es um Gepäckverlust, Überfälle, Diebstähle und Unfälle bei Aktivurlauben. Ein Beispiel dafür ist die WorldNomads Travel Insurance, die auch von führenden Backpacker-Reiseführern (Lonely Planet und Rough Guide) empfohlen wird.

Achtung: Meinen Recherchen zufolge ist die Auswahl an günstigen Auslandsversicherungen in Österreich und der Schweiz sehr dürftig. Empfohlen werden die Versicherungen von STA Travel (in Zusammenarbeit mit HanseMerkur) und dem ADAC.

8. Ausrüstung

Leichter packen

Backpacking-Einsteiger nehmen für gewöhnlich zu viel Ballast mit. Sie können sich noch nicht vorstellen, nur mit dem Inhalt eines Rucksacks auszukommen. Aber es funktioniert, und du wirst bald merken, dass du unterwegs kaum etwas brauchst. Vor allem wenn du ins Warme fährst, kommst du mit wenig Kleidung zurecht.

Leicht zu reisen hat viele Vorteile

Deinen Rucksack musst du immer wieder von einem Ort zum nächsten tragen. Ist er zu schwer, kann das selbst bei kurzen Strecken unangenehm sein. Manche zierliche Backpackerin kann sich ihren Rucksack nicht einmal allein aufsetzen, weil er zu schwer ist. Für mich ist das zwar weniger ein Problem, aber ein schwerer Rucksack kann trotzdem nerven.

Wenn du dich bewusst einschränkst, hast du am Ende nur Dinge dabei, die du wirklich brauchst. Sonst schleppst du Klamotten für Wochen durch die Gegend, die du nie anziehst. Du musst unterwegs auch weniger ein- und auspacken. Das spart Zeit, schließlich ziehst du alle paar Tage weiter und musst dein Zeug zusammensuchen.

Das Beste ist aber das befreiende Gefühl. Zu wissen, dass du nicht viel brauchst, um zufrieden zu sein. Je mehr Reiseerfahrung ich sammle, desto weniger Gepäck nehme ich mit, denn ich weiß immer besser, was ich alles *nicht* brauche. War ich anfangs noch mit einem 75-Liter-Rucksack unterwegs, bin ich zuletzt mit 33 Litern ausgekommen.

Wie du leichter packst

- Kauf dir einen kleinen Rucksack, denn das nimmt dir viele Entscheidungen ab. Was nicht hineinpasst, kannst du nicht mitnehmen. Ende der Diskussion.
- Verwende ein elektronisches Lesegerät, anstatt Bücher zu schleppen. Ja, ein echtes Buch ist schöner. Aber ein Lesegerät ist so viel praktischer. Das gilt auch für Reiseführer, die bis zu 1.000 Seiten dick sein können.
- Packe nicht für drei Wochen, sondern für eine Woche oder höchstens zehn Tage. Deine Kleidung kannst du unterwegs jederzeit waschen.
- Nimm Kleidung mit, die sich farblich gut miteinander kombinieren lässt. Somit brauchst du weniger verschiedene Kleidungsstücke.
- Was du *vielleicht* gebrauchen könntest, brauchst du sehr wahrscheinlich nicht. Und wenn doch, kannst du es unterwegs kaufen. Lass alles zu Hause, was du nicht *unbedingt* brauchst. Hinterfrage jeden Gegenstand.
- Verwende zum Packen deiner Kleidung Kompressionstüten. Die quetschen auch das letzte bisschen Luft heraus und sorgen für ein kompaktes Paket.
- Verzichte auf unnötigen Luxus. Wenn du in Thailand am Strand liegst, musst du nicht immer top gestylt sein.
- Verwende ein Mikrofaserhandtuch statt normaler Badetücher. Diese speziellen Reisehandtücher sind leichter und nehmen deutlich weniger Platz weg.

- Nimm nur ein Paar Schuhe mit, das du möglichst vielseitig einsetzen kannst. Ich habe Schuhe dabei, die ich sowohl zum Wandern als auch in der Stadt anziehe.

- Muss es wirklich eine Spiegelreflexkamera mit zweitem Objektiv sein? Für gute Fotos genügt auch eine Kompakt- oder Systemkamera.

Den richtigen Rucksack finden

Ein guter Rucksack gehört zur Grundausstattung eines jeden Backpackers. Er steckt ja schon im Namen! Du wirst mit ihm um die Welt reisen und ihn vor Ort durch die Gegend tragen. Dein Rucksack begleitet dich im Idealfall für viele Jahre – daher solltest du dir vorm Kauf ein paar Gedanken machen.

Die Auswahl an Rucksäcken ist riesig. Auf den ersten Blick sogar unüberschaubar. Daher ist es sinnvoll, die Entscheidung anhand einiger fester Kriterien zu treffen. Die wichtigsten habe ich hier zusammengetragen:

1. Verwendungszweck

Wofür brauchst du den Rucksack? Wirst du damit nur in warme Regionen fahren oder auch in kältere? Diese Entscheidung wirkt sich auf die Größe des Rucksacks aus. Wirst du den Rucksack nur vom Bus ins Hostel-Zimmer tragen oder lange Wanderungen unternehmen? Je nachdem, solltest du auf eine bessere Polsterung und auf Wasserdichte achten.

Als Einsteiger weißt du das vermutlich noch nicht so genau. Nach meinen Erfahrungen und Beobachtungen haben Backpacker ihren Rucksack nur selten auf dem Rücken. Oft trage ich ihn gerade einmal zehn Minuten, bevor ich ihn im

Bus ablade. Nur selten habe ich ihn für 20 oder 30 Minuten auf dem Rücken.

2. Preis

Nicht jeder kann sich die teuerste Ausrüstung leisten – aber das ist ohnehin nicht nötig. Es gibt Rucksäcke in jeder Preisklasse. Die billigsten Rucksäcke findest du bei amazon. Dort werden nicht alle bekannten Marken verkauft, sondern hauptsächlich No-Name-Produkte für 50 bis 70 Euro. Für einen kleinen Geldbeutel sind diese sicherlich in Ordnung, können aber nicht mit Markenprodukten mithalten.

Ein Rucksack ist kein Produkt, das du nach zwei Reisen wegwirfst. Du wirst ihn jahrelang auf vielen Reisen benutzen. Ich verwende meinen Rucksack seit neun Jahren! Zusammengerechnet bin ich mit ihm mehr als zwei Jahre um die Welt gezogen. Wenn du ebenfalls ein haltbares Produkt suchst, würde ich mich in der Größenordnung 100 bis 150 Euro umschauen. Über die Zeit rechnet sich die Investition.

3. Größe

Grundsätzlich neigen Menschen dazu, zu viel einzupacken. Egal, wie groß dein Rucksack ist, er wird immer voll sein! Entscheide dich im Zweifel lieber für eine Nummer kleiner.

Ich denke, 50 Liter sind ein guter Durchschnittswert. Je nach Körpergröße sollte der Wert von 50 Litern nach oben oder unten abweichen. Ich bin ein 1,93 Meter großer Mann. 50 Liter waren mir lange Zeit zu wenig, da meine Kleidung vergleichsweise groß ist. Deshalb hat mein Backpacking-Rucksack ein Volumen von 75 Litern. Das fand ich in den ersten Jahren genau richtig. Doch mit der Zeit habe ich gelernt mit weniger auszukommen und würde heute einen 50-Liter-Rucksack kaufen. Eine zierliche Frau kommt auch mit etwas weniger zurecht.

4. Gewicht

Der Rucksack selbst wiegt nicht viel. Das Gewicht kommt vom Inhalt. Die Größe des Rucksacks entscheidet also darüber, wie viel Gewicht du auf deinem Rücken zu tragen hast, denn wie gesagt: Voll wird er immer.

Mein 75-Liter-Rucksack wiegt bei entspannter Beladung etwa 13 Kilogramm. Wenn er prall gefüllt ist und ein kleines Zelt außen dranhängt, wiegt er bis zu 20 Kilogramm. Einige Backpacker reisen ständig mit diesem Gewicht, doch das ist zu viel. Ich denke, zehn bis maximal 15 Kilogramm sind ein gutes Maß. Bei meinen letzten Reisen kam ich mit weniger als 10 Kilogramm aus.

5. Material

Billige und teure Rucksäcke unterscheiden sich vor allem im Material. Im Allgemeinen sollte das Material robust sein, denn ein Rucksack muss über die Jahre viel mitmachen. Für Laien ist es schwierig, die Qualität des Materials einzuschätzen. Im Ernstfall merkt man es erst, wenn nach zwei Jahren der Rucksack auseinanderfällt. Daher schadet ein wenig Beratung im Ladengeschäft nicht.

Du solltest darauf achten, dass der Rucksack wenigstens wasserabweisend ist, sodass er bei einem überraschenden Regenschauer nicht sofort durchweicht. Im hochpreisigen Segment gibt es auch wasserdichte Rucksäcke. Doch das ist nicht unbedingt nötig. Bei starkem Regen kannst du dem Rucksack einfach einen Regenschutz überziehen. Den erhältst du günstig im Outdoor-Shop, falls er nicht mitgeliefert wird.

6. Tragekomfort

Jeder gute Rucksack verfügt über Rücken- und Hüftpolster. Diese sollten möglichst solide, aber gleichzeitig weich sein. Insbesondere ein gutes Hüftpolster finde ich wichtig. Wenn du deinen Rucksack richtig trägst, liegt das Gewicht nicht auf den Schultern, sondern auf deinen Hüften! Sind die Hüftgurte gut gepolstert, merkst du vom Gewicht kaum etwas.

Den Tragekomfort kannst du nur in einem Ladengeschäft austesten. Wenn du einen teuren Rucksack kaufst, den du über viele Jahre verwenden willst, lohnt sich ein Besuch im Laden. Übrigens: Die meisten Rucksäcke sind unisex. Es gibt aber auch Rucksäcke speziell für Frauen. Sie unterscheiden sich in Form, Größe und vielleicht auch Farbe. Frauenrucksäcke sind in der Rückenlänge kürzer und in der Tragehöhe verstellbar.

7. Taschen & Fächer

Ein Backpacker-Rucksack sollte am besten einige Außentaschen haben – gern auch in unterschiedlichen Größen. Unterwegs sind diese Taschen sehr nützlich, denn dort kannst du Dinge verstauen, auf die du oft oder spontan zurückgreifen musst. Kleine Taschen, die du schnell erreichst, sparen dir viel Zeit und Nerven.

Außerdem würde ich nur Rucksäcke kaufen, deren „Bauch" sich separat öffnen lässt. Im Normalfall wird ein Rucksack von oben gepackt und wieder ausgepackt. Doch wenn du nur ein Kleidungsstück brauchst, das mittendrin liegt, musst du jedes Mal den gesamten Rucksack ausräumen. Daher gibt es Rucksäcke, die du auch von vorne oder an der Seite öffnen kannst.

8. Marke

Ich persönlich bevorzuge bekannte Marken, habe jedoch keine klare Präferenz. Es gibt so viele Markenhersteller, dass es kaum möglich ist, hier den Überblick zu bewahren. Ich nutze einen Rucksack der Marke Lowe Alpine und bin damit sehr zufrieden. Ich bin mir aber sicher, dass andere bekannte Marken genauso gut oder besser sind. Gängige Marken sind Deuter, Mammut, Tatonka, Vaude, The North Face, Salewa, Fjällräven, Berghaus, Jack Wolfskin & Co. Ich glaube, dass die Unterschiede zwischen den Marken für Laien wie dich und mich keine Rolle spielen.

Rollrucksack – ja oder nein?
Es gibt Rucksäcke mit Rollen. Diese sind ein Kompromiss zwischen Rucksack und Rollkoffer. Ich glaube aber nicht, dass man sie wirklich braucht. In Backpacker-Ländern gibt es ohnehin nicht viele Gelegenheiten, dein Gepäck die Straße entlangzurollen. Es ist aus meiner Sicht bequemer, den Rucksack richtig auf den Rücken zu schnallen und das Gewicht auf den Hüften zu tragen. So ist man beweglich und hat die Hände frei.

Wo kann man Backpacker-Rucksäcke kaufen?
Es gibt zwei Möglichkeiten: In ein Spezialgeschäft gehen oder online bestellen. Der Weg in den Laden ist aufwendiger, oft auch teurer – dafür kannst du dich beraten lassen, einige Rucksäcke aufsetzen und die Taschen ausprobieren. Im Internet geht es schneller und etwas günstiger. In spezialisierten Shops wie Campz.de, Bergsport.de, Bergfreunde.de oder Globetrotter.de findest du eine große Auswahl. Einsteigern empfehle ich, in ein Outdoor-Ladengeschäft zu gehen und sich beraten zu lassen.

Regenschutz für den Rucksack
Wenn du einen Markenrucksack kaufst, befindet sich häufig bereits eine Regenhülle dabei. Falls nicht, kannst du separat eine Rucksackhülle bzw. einen Schutzsack kaufen. Ich ziehe diese Hülle in zwei Situationen über meinen Rucksack: Beim Einchecken am Flughafen, denn dadurch baumeln die Laschen und Riemen nicht frei herum. Außerdem schreckt die Hülle Gelegenheitsdiebe ab. Und wenn der Rucksack auf das Dach eines Busses oder Tuk Tuks geschnallt wird. Man kann nie wissen, ob es auf einer Fahrt nicht plötzlich zu regnen beginnt.

Ein Tagesrucksack für unterwegs

Neben meinem Backpacker-Rucksack habe ich stets einen kleinen Tagesrucksack dabei. Das ist der Rucksack, den du jeden Tag bei dir haben wirst, wenn du deine Unterkunft verlässt. Außerdem kannst du diesen Rucksack in Flugzeugen und Bussen als Handgepäck mitnehmen.

Ein Tagesrucksack (auch Daypack genannt) hat meist ein Volumen zwischen 20 und 30 Litern. Er sollte robust und wasserabweisend sein. Besonders nützlich finde ich kleine Taschen innen und außen, in denen du Dinge finden kannst, ohne den gesamten Rucksack zu durchwühlen. Außerdem machen sich kleine Spanngurte immer gut, um etwas außen an den Rucksack zu klemmen. Ideal sind Tagesrucksäcke ohne Rückenpolsterung, da sich diese besser zusammenrollen und im großen Rucksack verstauen lassen. Wenn du dein Daypack allerdings schwer bepacken möchtest, ist eine Polsterung wiederum sinnvoll.

Anstatt eines Tagesrucksacks ist auch eine Umhängetasche denkbar. Allerdings trägt sich die Umhängetasche schlecht, wenn man schon einen großen Rucksack auf dem Rücken hat. Den Tagesrucksack schnalle ich mir einfach auf den Bauch. Außerdem bin ich auf Reisen hin und wieder aktiv: Mountainbiking, Wandern, durch Höhlen kriechen. Dabei machen sich Rucksäcke besser. Leider können wir auf Reisen nicht für jede Situation die beste Tasche dabeihaben.

Gepäck und Wertsachen sichern

Unterwegs musst du deinen Rucksack hin und wieder aus den Augen lassen. Zwar solltest du es vermeiden, doch manchmal geht es nicht anders. Schon am Flughafen geht das los. Auch in deiner Unterkunft wirst du viele Sachen im Zimmer lassen, anstatt sie mitzunehmen. Mit wenigen Maßnahmen kannst du dein Gepäck gut sichern.

1. Gepäck nicht unbeaufsichtigt lassen
Das sollte selbstverständlich sein, ist es für viele Reisende aber nicht. In Westeuropa mag es in Ordnung sein, das Gepäck aus den Augen zu lassen. In vielen anderen Ländern ist es das jedoch nicht. Je größer der Unterschied zwischen Arm und Reich ist, desto größer ist die Gefahr, bestohlen zu werden.

2. Rucksack mit Vorhängeschloss sichern
Manche Rucksäcke lassen sich je nach Beschaffenheit mit Vorhängeschlössern sichern. Natürlich bieten diese Schlösser keine absolute Sicherheit, aber sie schrecken Gelegenheitsdiebe ab, da ein verschlossener Rucksack schwierig zu öffnen ist. Bei meinem Rucksack klappt das allerdings nicht.

Die einfachsten und billigsten Schlösser funktionieren mit einem Schlüssel. Lange Zeit war ich mit einem solchen Schloss gereist. Allerdings musste ich immer aufpassen, den Schlüssel nicht zu verlieren. Mittlerweile bin ich auf ein solides Zahlenschloss umgestiegen. Nun muss ich mich nicht mehr um den Schlüssel sorgen. Nur die Zahlenkombination darf ich nicht vergessen. Ich vertraue auf ein Aluminium-Zahlenschloss von ABUS. Ein Schloss solltest du übrigens ohnehin dabeihaben, um deinen Schrank im Hostel verschließen zu können.

3. Nichts Wertvolles in den Außentaschen verstauen

Jeder Rucksack hat kleine Taschen, die von außen gut zugänglich sind. Diese sind sehr nützlich – aber für jeden Dieb innerhalb von Sekunden leicht zu öffnen. Leider habe ich diesen Rat nicht immer befolgt, und so wurde mir am Flughafen eine Festplatte gestohlen, die in einem der Außenfächer steckte. Pack alles Wertvolle in das Innere des Rucksacks.

4. Gepäck festschnallen lassen

In vielen Backpacking-Ländern wird dein Rucksack auf dem Dach transportiert. Das kann Busse, Minibusse oder Tuk Tuks betreffen. Du solltest immer darauf achten, dass dein Gepäck gut festgeschnallt wird. In Thailand ist mein Rucksack einmal vom Dach des Tuk Tuks gefallen – glücklicherweise habe ich das gleich bemerkt.

5. Tagesrucksack festschnallen

In einigen Regionen lasse ich meinen Tagesrucksack nicht einfach auf dem Stuhl neben mir liegen, wenn ich im Restaurant sitze. Stattdessen nutze ich den Brustgurt, um ihn am Stuhl zu befestigen. So kann ihn niemand im Vorbeilaufen mitnehmen. Das hat mir ein Kellner in Peru beigebracht.

Wertsachen sicher aufbewahren

Sensible Dinge wie Bargeld und Geldkarten musst du unterwegs sicher aufbewahren. Ich unterscheide zwischen der Aufbewahrung am Körper und im Zimmer.

1. Aufbewahrung am Körper

- **Geldbörse:** Für mich tut es oft eine einfache Geldbörse. Die stecke ich jedoch nicht in die Gesäßtasche, sondern verstaue sie in der Hosentasche. Ich habe noch eine zweite Geldbörse, die ich mit ein wenig Bargeld im Zimmer lasse.

- **Bauchtasche:** Die gute alte Bauchtasche erinnert zwar an die 90er-Jahre, doch viele Backpacker vertrauen auf sie. Daraus lässt sich nichts unbemerkt stehlen, und sie bietet viel Platz.

- **Brustbeutel:** Auch der Brustbeutel erinnert mich an meine Schulzeit. Unterwegs ist er praktisch, da unauffällig und leicht. Die wichtigsten Dinge wie Bargeld, Geldkarten und Reisepass kannst du darin verstauen. Mich stört es jedoch, etwas um den Hals baumeln zu haben.

- **Bra Stash:** Für Frauen gibt es alternative Brustbeutel ohne lästige Kordel. Ein „Bra Stash" lässt sich einfach am BH befestigen.

- **Geldgürtel:** Das unauffälligste Versteck ist der Geldgürtel, in dem sich ein paar Scheine verbergen lassen. Es gibt auch größere Varianten, die an eine flache Bauchtasche erinnern. Eine solche verwende ich in manchen Ländern selbst und finde sie praktisch.

Du solltest deine Wertsachen nicht nur an einer Stelle am Körper verwahren. Verteile sie ein bisschen, sodass du im Falle eines Überfalls nur das aushändigen musst, wo am wenigsten drin ist.

2. Aufbewahrung im Zimmer
Idealerweise gibt es in der Unterkunft einen Safe oder zumindest einen abschließbaren Schrank. Doch die Erfahrung zeigt: In Gästehäusern ist das selten. Oft kannst du deine Wertsachen an der Rezeption einschließen lassen, doch dafür bin ich häufig zu bequem.
Meistens vertraue ich darauf, dass nichts aus dem Zimmer gestohlen wird, und bisher ging das auch gut. Im Zimmer

selbst lasse ich nichts offen herumliegen, um die Angestellten der Unterkunft nicht in Versuchung zu führen.

Eine gute Alternative ist der „Travel Safe" von Pacsafe. Das ist ein kaum zerstörbarer Beutel, der abgeschlossen und zum Beispiel am Bett befestigt werden kann. Gelegenheitsdiebe kommen so nicht zum Zug. Ich habe einen solchen mobilen Safe in Südafrika verwendet.

In Hostel-Schlafsälen gibt es meistens für jeden Gast einen abschließbaren Schrank. Den solltest du nutzen, denn im Zweifel sind es andere Reisende, die dich bestehlen, und nicht die Einheimischen. Dafür brauchst du das Zahlenschloss.

Tipp: Für Laptops gibt es übrigens das sogenannte Kensington-Schloss. Mit diesem kannst du das Gerät an einem Gegenstand anschließen. Das funktioniert allerdings nicht mit Apple-Produkten oder Tablet-PCs.

Packliste: Kleidung

Hinsichtlich deiner Kleidung solltest du berücksichtigen, wohin du fährst. Bist du länger unterwegs und bereist ganz verschiedene Regionen, musst du für mehrere Situationen und Klimazonen planen.

Verreist du in nur ein Land, beantworte vorab ein paar Fragen: Welche Temperaturen herrschen während der Reisezeit vor? Ist mit Regen zu rechnen? Musst du religiöse Gepflogenheiten berücksichtigen? Was willst du vor Ort überhaupt machen?

1. Für die heißen Momente
In vielen Backpacker-Ländern ist es überwiegend heiß und feucht. Du wirst kaum mehr tragen als T-Shirts, Shorts und

Flip-Flops. Ich bevorzuge Kleidungsstücke, die wenig Schweiß aufsaugen. Die fühlen sich länger frisch an, und es gibt weniger unansehnliche Flecken.

Für die heißen Momente braucht man nicht viel:

- T-Shirts
- Kurze Hose / Shorts
- Badehose / Bikini
- Kopfbedeckung
- Sonnenbrille
- Sarong-Tuch (für Frauen)
- Unterwäsche / Socken

Bei der Anzahl der T-Shirts scheiden sich die Geister. Ich kenne Langzeitreisende, die nicht mehr als drei T-Shirts im Rucksack haben und sich damit sehr wohl fühlen. Ich fühle mich jedoch wohler, wenn ich häufiger das T-Shirt wechseln kann. Ich reise mit sechs bis acht T-Shirts. So oder so kannst du sie zwischendurch natürlich waschen.

2. Für die kühlen Momente
Informiere dich vor deiner Reise über das Klima. Auch innerhalb eines Landes können die Temperaturen sehr unterschiedlich sein. Je größer das Land, desto größer die Unterschiede. Während meiner Reise durch Vietnam war es im Norden feucht und kühl, im Süden hingegen ziemlich heiß. In Lateinamerika entscheidet häufig die Höhe über das Klima. Am Strand mag es heiß sein, doch im Inland auf 2.000 Metern Höhe entsprechend frisch.

Selbst wenn du in ein durchweg heißes Gebiet reist, solltest du auf kühle Momente vorbereitet sein. Oftmals kannst du dich einer Klimaanlage nicht entziehen, und die sind meist wesentlich kälter eingestellt, als es sein müsste. Für die kühlen Momente packe ich Folgendes ein:

• Sweatshirt / Kapuzenpullover
• Lange Hosen (mit abnehmbaren Hosenbeinen)
• Schal (falls du anfällig für Erkältungen bist)

3. Für den Regen
Wenn du nicht gerade in die Wüste reist, musst du mit Regen zumindest rechnen. In den Tropen kann es vor allem zur Regenzeit heftig schütten. Es regnet oft nicht länger als ein bis zwei Stunden am Tag, doch bei den Wassermassen genügen wenige Sekunden, um völlig durchgeweicht zu sein.
Daher solltest du in jedem Fall eine wasserfeste Jacke dabeihaben. Auch wasserabweisende Hosen sind sinnvoll. Sie saugen nicht viel Wasser auf und trocknen schnell.

4. Schuhwerk
Das Schuhwerk hängt ganz vom Reiseziel und deinen Plänen ab. Der Klassiker in den heißen Regionen dieser Welt sind die Flip-Flops. Ich persönlich mag lieber Sandalen, da sie beim Laufen mehr Halt geben. Beides erfüllt seinen Zweck.
Aus meiner Sicht solltest du in jedem Fall feste Schuhe dabeihaben. Wenn du nicht viel vorhast, genügen Sneaker. Für Wanderungen empfehle ich jedoch richtige Wander- oder sogar Trekkingschuhe. Ich habe flache Wanderschuhe dabei. Die nehmen nicht so viel Platz weg und eignen sich sowohl zum Laufen in der Natur als auch in der Stadt. Auch Laufschuhe eignen sich als Allzweckwaffe.

5. Kleidung für besondere Anlässe
Auch auf Backpacking-Reisen gibt es besondere Anlässe: Eine Party oder ein Dinner in einem guten Restaurant. Oder du möchtest in einem sehr guten Hotel übernachten. Für diesen

Fall habe ich ein Hemd und eine lange Hose dabei. Die meisten Frauen sind mit dem einen oder anderen Kleid ausgestattet.

Packliste: Hygiene und Gesundheit

In diesem Abschnitt findest du meine Empfehlungen, was du in Sachen Hygiene und Gesundheit auf Reisen dabeihaben solltest.

1. Schnelltrocknende Reisehandtücher
Auf meinen ersten Backpacker-Reisen hatte ich zwei Baumwoll-Handtücher dabei. Die sind schön flauschig – aber sie nehmen viel Platz weg und werden nie richtig trocken! Das ist in Ländern mit hoher Luftfeuchtigkeit und in klimatisierten Räumen ein echtes Problem. Mittlerweile bin ich nur noch mit Mikrofaserhandtüchern unterwegs. Die sind extrem, leicht und trocknen schnell – gemacht für Backpacker. Der einzige Nachteil: Flauschig sind sie nicht. In besseren Unterkünften gibt es jedoch Handtücher für Gäste, sodass die Reisehandtücher für mich nur ein Backup sind.

2. Kulturtasche
Deine Hygieneartikel gehören in die Kulturtasche. Ich empfehle Taschen aus flexiblem Material. Die lassen sich gut in den Rucksack quetschen, auch wenn es mal eng wird. Meine ideale Kulturtasche besteht aus vielen kleine Fächern und Taschen. Außerdem sollte sie sich aufhängen lassen, denn oftmals gibt es keinen Platz zum Abstellen. Zum Inhalt: Na ja, du wirst selbst am besten wissen, was du für deine Hygiene brauchst.

3. Reiseapotheke

Meine Reiseapotheke ist sehr überschaubar. Ich bin kein Freund davon, mich schon vor der Reise krankzureden oder mich auf alle Eventualitäten vorzubereiten. Das geht sowieso nicht. Die folgenden Dinge habe ich dabei:

- Pflaster
- Blasenpflaster (falls Wanderungen geplant sind)
- Schmerzmittel & Fiebersenker
- Desinfektionsmittel
- Medikamente gegen Übelkeit
- Medikamente gegen Durchfall
- Fieberthermometer
- Medikamente gegen Erkältung & Husten
- Sonnencreme
- Anti-Moskito-Spray

Das passt in ein kleines Täschchen und wiegt beinahe nichts. Einige Reisende nehmen sogenannte Breitband-Antibiotika mit, die gegen eine Vielzahl von Erregern helfen. Wenn du unsicher bist, lass dich von einem Arzt beraten. Falls du in ein Gebiet mit hoher Malariagefahr fährst, solltest du dich am besten von einem Tropenmediziner beraten lassen. Für solche Fälle gibt es verschreibungspflichtige Medikamente, wie du ja schon weißt.

4. Reisewaschmittel

Für die schnelle Wäsche zwischendurch habe ich eine kleine Tube Handwaschmittel dabei. Ich wasche allerdings nur selten per Hand. Für gewöhnlich gebe ich einmal pro Woche eine ganze Tüte bei einer Wäscherei ab, und bekomme die Sachen am nächsten Tag zurück. Solche Laundry Services gibt es in bei Backpackern beliebten Ländern an jeder Straßenecke. Pro Kilogramm zahlst du etwa 1 Euro.

Es gibt jedoch viele Backpacker, die mit deutlich weniger Kleidung unterwegs sind als ich. Wer nur drei T-Shirts dabeihat, wäscht sie lieber alle paar Tage mit der Hand als sie ständig abzugeben.

5. Was du sonst noch brauchst
Natürlich kannst du noch viel mehr Zeug mitschleppen, doch das überlasse ich dir. Ich habe ein Nagelpflegeset dabei, denn ich finde zu lange Fingernägel unangenehm. Ansonsten können Taschentücher, Verhütungsmittel und – bei Bedarf – ein Kontaktlinsenpflegeset sinnvoll sein.

Packliste: Technik

In der hochgerüsteten Welt des 21. Jahrhunderts schleppt fast jeder Backpacker seinen halben Technikhaushalt um die Welt. Ich bin da keine Ausnahme, zumal ich unterwegs mit dem Laptop arbeite. Wie du das machst, ist natürlich dir überlassen. Die folgende technische Ausrüstung habe ich auf Reisen dabei:
1. Handy ohne SIM-Lock
Mein Smartphone habe ich immer dabei. Damit telefoniere ich, surfe im Internet und nutze die GPS-Funktion. Mithilfe von Karten-Apps kann ich mich so an jedem Ort der Welt orientieren.

Wenn du vor Ort eine SIM-Karte kaufen möchtest, um günstig telefonieren oder im Internet surfen zu können, muss dein Smartphone SIM-Lock-frei sein. Ist es das nicht, nimm am besten zusätzlich ein altes Handy mit.

Für dein Smartphone solltest du eine Hülle verwenden. Hätte ich diesen Rat selbst befolgt, wäre mein iPhone nicht auf vietnamesischem Beton zersplittert. Übrigens: Falls dein Akku nie lange hält, empfehle ich eine PowerBank. Diesen externen Akku lädst du separat auf.

2. Elektronisches Lesegerät

Elektronische Lesegeräte sind für Backpacking-Reisen unschlagbar praktisch. Sie wiegen beinahe nichts, nehmen keinen Platz weg, und von überall auf der Welt können wir jederzeit ein neues Buch herunterladen. Ich verwende den Kindle von amazon. Das Preis-Leistungs-Verhältnis ist phänomenal. Da eBooks günstiger sind als gedruckte Bücher, rechnet sich das Gerät nach einer Weile. Meinen Kindle hatte ich bereits auf mehreren Reisen dabei und er funktioniert wie am ersten Tag.

3. Kamera

Zu jeder Reise gehört eine Kamera. Aber wie gut soll sie sein? Aktuell gibt es auf dem Markt vier Größenordnungen:

Handykamera: Smartphones machen bereits ziemlich gute Fotos. Wenn du nur schnelle Schnappschüsse machen willst, reicht das aus. Gestochen scharfe Landschaftsaufnahmen solltest du hingegen nicht erwarten, schon gar nicht bei schlechten Lichtbedingungen.

Kompaktkamera: Bis vor einigen Jahren hatte ich eine Kompaktkamera. Die sind billig und passen in jede Hosentasche – also extrem praktisch. Die Fotos werden gut, aber besonders hohe Ansprüche an die Fotoqualität darf man nicht stellen.

Spiegelreflexkamera: Später stieg ich auf Spiegelreflex um. Die Fotoqualität ist deutlich besser, und das Fotografieren macht damit mehr Spaß. Allerdings sind diese Geräte groß und schwer. Außerdem sind die Objektive anfällig und teuer. Das war mir auf Dauer zu nervig. Zudem habe ich nie die Funktionen genutzt, die mir eine Spiegelreflexkamera bietet. Stattdessen habe ich nur im Automatik-Modus fotografiert.

Systemkamera: Seit einiger Zeit nutze ich eine Systemkamera. Die ist nicht viel größer als eine Kompaktkamera, macht aber so gute Fotos wie einfache Spiegelreflexkameras. Für mich ist das die optimale Mischung. Einsteigermodelle sind mit etwa 200 Euro nicht teuer. Dazu habe ich mir ein Gorillapod-Stativ gegönnt. Bei schlechten Lichtverhältnissen werden Fotos mit einem Stativ deutlich besser.

Leider kann ich dir keine konkreteren Tipps geben, da der Markt viel zu groß ist und jede Kamera nach spätestens einem Jahr wieder überholt ist. Welche Art von Kamera für dich richtig ist, liegt ganz bei dir. Wie wichtig ist es dir, sehr gute Fotos zu machen? Bist du bereit, dich in eine komplexe Kamera einzuarbeiten? Eine gute Spiegelreflexkamera macht von selbst keine besonderen Fotos. Du musst schon wissen, was du tust. Natürlich ist es auch eine Frage des Geldes. Nicht zuletzt gibt es ein Restrisiko, dass dir die Kamera gestohlen wird oder du sie versehentlich zerstörst. Das spricht für günstigere Modelle.

4. SD-Kartenleser
Um meine Fotos auf einen Computer zu übertragen, verwende ich einen SD-Kartenleser. Falls du einen Laptop mit integriertem Kartenleser hast, brauchst du das nicht. Einen Kartenleser kannst du auch in Internetcafés verwenden und dort deine Fotos auf ein anderes Speichermedium ziehen.

5. Notebook
Zuletzt reiste ich als digitaler Nomade: Das heißt, ich machte nie richtig Urlaub, war aber häufig auf Reisen und arbeitete unterwegs. Klar, dass ich dafür ein Notebook brauchte. Ich

nutzte das 13-Zoll-MacBook Air von Apple. Für mich ist es das ideale Notebook zum Arbeiten und Reisen: leicht, dünn und leistungsstark. Der einzige Nachteil: Ganz schön teuer und somit ein beliebtes Diebesgut. Für das MacBook habe ich mir zudem eine stoßsichere Hülle besorgt, die auch einiges vertragen kann, wenn der Rucksack mal durch die Gegend geschleudert wird. Auf früheren Urlaubsreisen hatte ich jedoch nie ein Notebook dabei. Mir fehlte nichts. Für einfache Informationen im Internet nutzte ich mein Smartphone. Wenn ich eine Unterkunft oder einen Flug buchen wollte, ging ich in ein Internetcafé oder verwendete einen Computer im Hostel. Für kurze Urlaubsreisen empfehle ich daher, das Notebook zu Hause zu lassen. Du wirst ohnehin genug zu tun haben.

6. Die Alternative: Tablet-PC
Wenn du kein Notebook brauchst, aber trotzdem auf Unterhaltung nicht verzichten möchtest, nimm ein Tablet mit. Du wärst damit nicht der Einzige. Überall sieht man heute Backpacker mit Tablets in Cafés oder Hostels sitzen.

7. Externe Festplatte
Eine externe Festplatte brauchst du nur, wenn du ein Notebook mitnimmst. Ich nutze sie, um meine Daten regelmäßig extern zu sichern, falls das Notebook gestohlen oder beschädigt wird. Für Reisende gibt es sturzfeste Festplatten, die einiges abkönnen. Ich nutze die Transcend StoreJet. Alternativ kannst du eine normale Festplatte kaufen und dazu eine feste Hülle.

8. Reisestecker und Steckdosenleiste
Informiere dich zunächst bei Wikipedia darüber, welche Art von Stromstecker du im Reiseland deiner Wahl benötigst. In vielen Ländern brauchst du einen Adapter. Erfahrungsgemäß ist es billiger, diesen bereits zu Hause zu kaufen.

Falls du auf Weltreise gehst, lohnt sich ein All-in-One-Stecker. Damit hast du immer den richtigen Adapter dabei, wenn du in ein neues Land reist. Verwendest du mehrere elektrische Geräte, kann eine Steckdosenleiste sinnvoll sein, denn oft gibt es in den Unterkünften nur eine oder zwei Steckdosen, die zudem schlecht positioniert sind. Vor allem in Hostel-Schlafräumen sind Steckdosen knapp. Eine alternative zur klobigen Leiste ist der PowerCube. Dabei handelt es sich um einen Reiseadapter mit mehreren Steckdoseneingängen.

9. Taschenlampe

In den typischen Backpacker-Ländern musst du damit rechnen, dass nicht alle Straßen und Wege am Abend beleuchtet sind. Hin und wieder fällt zudem der Strom aus – oder es gibt gar nicht erst welchen (das hängt stark von der Region ab). Oder du willst eine dunkle Höhle erkunden? Eine Taschenlampe solltest du daher immer mitnehmen. Ich empfehle, eine Stirnlampe zu verwenden, sodass du immer beide Hände freihast und trotzdem nicht im Dunkeln stehst. Außerhalb von Höhlen tut es zur Not aber auch eine Taschenlampen-App.

Was noch?

Jetzt haben wir fast alles beisammen. Auf meiner Packliste stehen noch Kopfhörer, sodass ich Musik hören kann. Außerdem nehme ich einen USB-Stick mit. Manchmal möchte ich Daten von anderen Reisenden überspielen oder im Internetcafé etwas ausdrucken lassen. Die Dateien übertrage ich mit einem USB-Stick.

Packliste: Dokumente

Wenn du zum Backpacking aufbrichst, brauchst du nicht viele Dokumente. Allerdings ist das eine oder andere davon sehr wichtig, und im Zweifel musst du dich bereits einige Wochen vor der Abreise darum kümmern (v. a. Reisepass).

1. Reisepass

Der Reisepass ist außerhalb der EU absolute Pflicht, denn sonst kannst du in kein Land einreisen. In den meisten Ländern muss dein Reisepass bei der Einreise noch mindestens sechs Monate gültig sein. Außerdem muss er über das geplante Ausreisedatum hinaus gültig sein!

Einen neuen Reisepass kannst du beim Bürgeramt in deinem Wohnort beantragen. Dazu musst du ein biometrisches Lichtbild sowie deinen alten Reisepass oder – falls du noch keinen Pass hattest – deinen Personalausweis mitbringen. Es dauert drei bis vier Wochen, bis dein neuer Reisepass fertig ist. Falls du die Beantragung versäumt hast, kannst du eine Expressaustellung beantragen. Die dauert nur drei Tage, kostet allerdings mehr.

2. Nachweis der Auslandskrankenversicherung

Von deiner Auslandskrankenversicherung bekommst du per Post oder E-Mail deinen Versicherungsschein zugesendet. Diesen musst du dabeihaben, am besten auf Papier *und* digital.

3. Passfotos

Es kann nicht schaden, ein paar Passfotos dabeizuhaben. Diese könntest du vor allem für Visa benötigen. Bei der Einreise in Vietnam und Laos musste ich jeweils ein bis zwei Passfotos abgeben. Wenn dein Reisepass verloren geht, brauchst du ebenfalls Passfotos, um einen neuen Pass zu erhalten.

Oft kann man die Fotos auch vor Ort machen lassen, z. B. direkt an der Grenze. Doch zum einen möchte ich mich darauf nicht verlassen. Zum anderen sind die Preise dann nicht ortsüblich, sondern exorbitant.

4. Führerschein und internationaler Führerschein
Unsere EU-Plastikkarte wird nicht überall auf der Welt anerkannt. Wer noch einen alten deutschen Führerschein hat, sollte erst recht einen internationalen Führerschein dabeihaben, wenn er im Ausland Auto oder Motorrad fahren will. Der internationale Führerschein ist ein Zusatzdokument, das im Ausland die Überprüfung erleichtern soll. Die Inhalte sind in mehrere Sprachen übersetzt. Bei langen Reisen würde ich ihn auf jeden Fall mitnehmen, auch wenn du nicht vorhast, im Ausland zu fahren. Man kann nie wissen, welche Möglichkeiten sich unterwegs ergeben. Du willst dir keine Chance verbauen, nur weil du keinen Führerschein beantragt hast. In der Regel brauchst du den Schein nicht bei der Anmietung eines Fahrzeugs, sondern bei einer Polizeikontrolle. Gerade in Ländern mit korrupten Beamten solltest du ihnen so wenig wie möglich Anlass geben sie bestechen zu müssen.
Den internationalen Führerschein kannst du beim Straßenverkehrsamt beantragen (mit Passfoto). Er wird sofort ausgestellt, kostet ca. 15 Euro, und bleibt drei Jahre gültig.

5. Impfausweis
In einigen wenigen Ländern gibt es Pflichtimpfungen (siehe Website des Auswärtigen Amts) – dort kannst du ohne diesen Ausweis gar nicht einreisen. Doch auch ohne Pflichtimpfungen hilft so ein Ausweis, um im Krankheitsfall schnell nachvollziehen zu können, welche Impfungen du bereits hast. Besorge dir für den Impfausweis am besten eine Hülle. Da er aus Papier besteht, leidet er auf einer langen Reise sonst zu sehr.

6. Tauchnachweis
Falls du Taucher bist, solltest du an deinen Tauchnachweis denken, also dein Zertifikat und das Logbuch. Wenn ich lange Zeit nicht getaucht bin, nehme ich auch mein Handbuch mit,

um meine Kenntnisse aufzufrischen. In beliebten Tauchgebieten stehen diese Handbücher allerdings in Hostels herum oder können bei den Tauchbasen eingesehen werden.

7. Buchungsbestätigungen

Vor einer Reise drucke ich alles aus, was ich bereits vorab gebucht habe. In der Regel braucht man diese Nachweise nicht, aber es versichert mir selbst, dass ich an alles gedacht habe und weiß, wo ich nach der Landung hinmuss. So habe ich die Flugzeiten, Adressen und auch die vereinbarten Preise parat – falls diese vor Ort für die Unterkunft oder den Mietwagen plötzlich abweichen sollten.

Packliste: Geld und Finanzen

Hier findest du alles, was du in Sachen Finanzen auf deine Packliste schreiben solltest. Es ist nicht viel, aber wichtig. Die Details zu Themen wie Kreditkarten, Onlinebanking, Bargeld und der sicheren Verwahrung deiner Wertgegenstände habe ich bereits in Kapitel 5 aufgelistet, daher fasse ich mich kurz.

1. Kredit- und EC-Karten
Ich empfehle, mit mindestens zwei Geldkarten zu verreisen. Eine Kreditkarte (VISA oder MasterCard) ist absolutes Muss. EC-Karten sind nur mit dem Maestro-Zeichen brauchbar.

2. Notfallrufnummer der Bank
Vor deiner Abreise solltest du dir in jedem Fall die Notfallrufnummern deiner Banken notieren. Achtung: Einige Banken haben separate Nummern für Anrufe aus dem Ausland.

3. Bargeld
Nimm zur Sicherheit etwas Bargeld mit, das du im Notfall in die Landeswährung wechseln kannst.

4. Geld aufbewahren
Bargeld, Kreditkarten oder der Reisepass müssen sicher verwahrt werden. Eine oder zwei der folgenden Optionen sollten es sein: Bauchtasche, Geldgürtel, Brustbeutel oder eine normale Geldbörse.

5. Onlinebanking
Du solltest Zugriff auf die Zugangsdaten für dein Onlinebanking haben. Diese Daten speicherst du am besten online in der Cloud. Bei längeren Reisen wirst du früher oder

später etwas überweisen müssen. Aber auch bei kurzen Reisen ist Onlinebanking sinnvoll. Solltest du deine Geldkarten verlieren, kannst du dir via Western Union und Onlinebanking selbst Geld schicken. TAN-Liste nicht vergessen!

Packliste: Sonstiges

- Schlafsack-Einlage – für unhygienische Betten (habe ich dabei, aber noch nie verwendet)
- Schlafmaske – vor allem für Flüge und Busfahrten
- Nackenkissen – vor allem für Flüge und Busfahrten
- Ohrstöpsel – für Flüge, Busfahrten und Hostel-Schlafsäle
- Wäscheleine oder lange Schnur
- Reiseführer als Buch oder eBook
- Taschenmesser mit Flaschen- und Dosenöffner (nicht ins Handgepäck)
- Notizblock und Kugelschreiber
- Feuerzeug oder Streichhölzer (nicht ins Handgepäck)
- Zahlenschloss – vor allem in Hostels sehr nützlich
- Gepäckanhänger – erhöht die Chance, deinen Rucksack bei Verlust wiederzufinden
- Smartphone-Halterung – falls du das Handy als Navigationsgerät im Auto nutzen möchtest
- Toilettenpapier – eine halbe Rolle für den Notfall
- Kleine Spiele – z. B. Karten, Würfelspiele, Schach …

Unter folgendem Link kannst du eine einfache Packliste zum Ausdrucken und Abhaken kostenlos herunterladen:

www.101places.de/packen. Sie enthält alle Dinge, die ich in diesem Kapitel erwähnt habe. Weitere Tipps zum Packen erhältst du auf der Website www.packlisten.org.

Packliste: Camping

Auf manch einer Reise kommen Backpacking und Camping zusammen. Schließlich ist es in Ländern wie Australien oder Neuseeland deutlich günstiger, im Zelt zu schlafen als im Hotel. Diese Packliste ist bewusst kurz gehalten, denn es muss alles in den Rucksack passen. Die Liste eignet sich demnach nicht für Camper, die mit einem Wohnmobil unterwegs sind.

1. Zelt
Nimm das kleinstmögliche Zelt mit. Für Alleinreisende genügt ein Ein-Personen-Zelt. Jedes überflüssige Kilogramm lastet dir sonst auf deinem Rücken. In Australien hatte ich ein Zelt dabei, das nur ein Kilogramm wiegt. Viel weniger geht nicht! Außerdem war es klein genug, um problemlos von außen an den Rucksack geschnallt zu werden.
Gewicht und Größe spielen beim Backpacking aus meiner Sicht die größte Rolle. Qualität ist zweitrangig, solange es Regen und etwas Wind standhält.

2. Isomatte
Ich ziehe eine Isomatte einer Luftmatratze vor, da sie wesentlich leichter ist. Auch hier gilt: je kleiner und leichter, desto besser beim Backpacking. Aber aufpassen beim Kauf: Einige sehr kleine Isomatten sind extrem schmal oder sehr kurz. Wenn sie zu klein zum Schlafen sind, nutzen sie auch nichts. Sehr leichte Matten wiegen weniger als ein Kilogramm.

3. Schlafsack

Auch bei Schlafsäcken gibt es enorme Unterschiede in Packmaß und Gewicht. Für einige Schlafsäcke bräuchtest du einen eigenen Rucksack, andere wiederum nehmen nur wenig Platz weg. Doch nimm nicht leichtfertig den kleinsten Schlafsack: Achte darauf, für welche Temperaturen er geeignet ist.

Im australischen Sommer war ich mit einem Schlafsack unterwegs, der offiziell bis +5 Grad Celsius ausgelegt ist. Ohne spezielle Kleidung fühlt man sich darin wohl bis zu einer Außentemperatur von 10 bis 15 Grad. Das reicht im Sommer völlig aus, im Herbst allerdings nicht.

4. Aufblasbares Kopfkissen

Mit einem Kissen unter dem Kopf schläft es sich besser. Ein richtiges Kopfkissen nimmt aber sehr viel Platz weg. Eine gute Alternative sind aufblasbare Kopfkissen – die sind leicht und sehr klein.

5. Campinggeschirr und -besteck

Beim Camping brauchst du eine Mindestausstattung an Geschirr und Besteck. Mir reichten eine Schüssel, eine Tasse und ein Besteckset. Wer kochen will, braucht zumindest einen kleinen Topf. Campinggeschirr ist zum Glück hinsichtlich des Gewichts optimiert und gleichzeitig sehr robust. Um das Besteck zu minimieren, nimm am besten Spork – eine Symbiose aus Löffel und Gabel.

6. Gaskocher

Wenn du unterwegs kochen willst und mindestens einen kleinen Kochtopf dabeihast, ist ein Campingkocher sinnvoll. Ob du den wirklich brauchst, hängt jedoch davon ab, auf welchen Campingplätzen du unterkommst. Viele Campingplätze sind mit eigener Küche ausgerüstet. Es gibt allerdings auch viele Plätze in Nationalparks oder Wäldern ohne solche Ausstattung. Falls du einen Campervan mietest, sind Geschirr und Gaskocher schon dabei!

Unterwegs einkaufen

Ich sagte bereits, dass du nicht zu viel mitnehmen sollst. Von all dem, was du *vielleicht* gebrauchen könntest, benötigst du am Ende nichts. Und wenn doch, kannst du es zur Not kaufen. Was du als Tourist wirklich benötigen könntest, das gibt es fast überall. Du bist ja nicht der erste Tourist, der irgendwo Urlaub macht. Über viele Jahre haben die Einheimischen längst verstanden, was wir brauchen. In Städten wie Bangkok oder Mexiko-Stadt gibt es kaum etwas, das es nicht gibt. Ausnahmen sind kommunistische Länder wie Kuba, Laos oder zum Teil auch Vietnam. Dort ist die Auswahl an allem kleiner.

In den meisten Ländern gibt es kleine Convenience Stores, die man bei uns als Kiosk oder Tankstellenshop kennt. Dort findest du Snacks, Getränke und Kleinigkeiten für den täglichen Bedarf. Oft gibt es diese Shops an jeder zweiten Straßenecke. In einigen Ländern bekommst du in diesen Shops auch SIM-Karten für dein Handy.

Auch ohne elektronisches Lesegerät musst du nicht unzählige Bücher mitschleppen. In vielen Hostels kannst du Bücher tauschen. Auch Läden für gebrauchte Bücher sind keine Seltenheit. Dort kannst du dein gelesenes Buch verkaufen und ein anderes kaufen. Wenn du es gelesen hast, kannst du es wiederum verkaufen. Die Auswahl an englischsprachigen Büchern ist natürlich am größten, aber auch deutschsprachige Bücher kannst du kaufen und verkaufen.

Die berühmteste Convenience-Store-Kette der Welt: 7-Eleven

Achtung, liebe Frauen: Ich habe mir sagen lassen, dass es in den nicht-westlichen Ländern nur selten Tampons gibt. Nimm dir also einen größeren Vorrat mit. Einen ausführlichen Artikel namens „Hygiene auf Reisen" gibt es im Reiseblog für Frauen PinkCompass.de.

Mehr wirst du unterwegs kaum brauchen. Ich kann mich nicht erinnern, unterwegs jemals etwas dringend benötigt zu haben, das ich nicht kaufen konnte.

9. Praktische Tipps

Telefon und Internet im Ausland

Die Zeiten, als man um die Welt reise und von der Heimat abgekapselt war, sind lange vorbei. Ich habe sie nicht mehr erlebt. Und obwohl ich schon auf meinen ersten Backpacking-Reisen alle paar Tage meine E-Mails abrufen und nach Hostels und Busverbindungen suchen konnte, hat sich in den letzten Jahren noch viel mehr getan.

Ob du im Urlaub ständig mit deiner Familie und deinen Freunden in Kontakt stehen solltest, ist dir überlassen. Ich mag es nicht so sehr, sondern melde mich nur alle paar Wochen einmal. Andere wollen fast täglich telefonieren oder Nachrichten verschicken. Wenn du das brauchst, dann mach es so. Aber mach es nur für dich und nicht für deine Angehörigen. Wenn du Abstand gewinnen möchtest, dann setze das durch.

So kannst du unterwegs telefonieren

Es gibt drei Möglichkeiten, von unterwegs zu telefonieren:

1. Mit deiner eigenen Nummer
Prinzipiell kannst du mit deiner SIM-Karte in den meisten Ländern dieser Welt telefonieren. In der Regel gibt es ein Abkommen zwischen deinem und dem ausländischen Telekommunikationsanbieter. Empfehlen würde ich dir das allerdings nicht. Die Gebühren sind außerhalb der EU viel zu

hoch. Zwei oder drei Euro pro Minute sind nicht ungewöhnlich. Diese Gebühren fallen für dich auch dann an, wenn du im Ausland angerufen wirst. Nimm also nicht jeden Anruf an!

2. Mit einer lokalen Nummer

Im Ausland kannst du dir eine lokale SIM-Karte kaufen. Am besten informierst du dich vorher online, welche Anbieter die beste Abdeckung haben, oder holst dir eine Empfehlung von einem Einheimischen. In einigen Ländern bekommst du sie am Kiosk, in anderen nur in Fachgeschäften. Mit einer solchen SIM-Karte im Handy kannst du innerhalb des Landes für wenige Cent telefonieren (z. B. um Unterkünfte zu reservieren). Anrufe in die Heimat sind immer noch teuer, aber meist günstiger als mit deiner eigenen Nummer.

3. Über das Internet

Die günstigste Alternative sind Apps, mit denen du über das Internet telefonieren kannst. Das funktioniert z. B. mit Skype, WhatsApp, Viber, Google Hangout oder dem Facebook-Messenger. Dazu brauchst du lediglich einen schnellen WLAN-Zugang. Mit diesen Apps auf dem Handy, Tablet oder Laptop kannst du kostenfrei andere Nutzer anrufen. Falls du kein WLAN-fähiges Gerät dabeihast, kannst du ein Internetcafé aufsuchen und dort telefonieren. Mit Skype kannst du aber auch jede Telefonnummer der Welt anrufen, musst dafür nur dein Skype-Konto mit einem kleinen Betrag aufladen.

Meine persönliche Erfahrung: Da ich sehr wenig telefoniere, kaufe ich mir in den meisten Ländern keine SIM-Karte. Wenn ich telefonieren muss, verabrede ich mich über Skype.

So kommst du unterwegs ins Internet

Als Reiseblogger halte ich unterwegs stets nach dem nächsten WLAN Ausschau. Die Verfügbarkeit ist selbst in armen Ländern erstaunlich hoch. Ob in einem kleinen Dorf Guatemalas oder im laotischen Hochland: Einen Zugang zum Internet gibt es fast überall. Die Qualität der Internetverbindung ist jedoch sehr unterschiedlich. Selten ist es so schnell wie zu Hause. Manchmal kann sogar das Versenden einer E-Mail an den Nerven zehren. Daran muss man sich gewöhnen.

1. WLAN in der Unterkunft

Meine Unterkünfte wähle ich danach aus, ob sie WLAN zur Verfügung stellen. Auf Buchungsplattformen wie Booking.com oder Hostelworld kannst du gezielt nach diesem Kriterium filtern. In den meisten Ländern bietet die Mehrzahl der Unterkünfte kostenloses WLAN an. Erfahrungsgemäß funktioniert das WLAN in Hostels sowie Gästehäusern besser als in großen Hotels. Oft stehen in Hostels oder Hotels auch Computer, die du kostenfrei oder für ein kleines Entgelt nutzen kannst.

2. WLAN im Café

Meine nächste Anlaufstelle sind Cafés und Restaurants. Die Verbreitung von WLAN in Cafés ist von Land zu Land sehr unterschiedlich. In Australien oder Neuseeland gibt es häufig kein WLAN, und wenn doch, ist es begrenzt. In Südostasien hingegen scheint es in fast jeder Strandbar brauchbares WLAN zu geben.

3. Weitere WLAN-Quellen

Die meiste Zeit surfe ich in meinen Unterkünften oder in Cafés, doch manchmal ist das nicht möglich oder schwierig.

Gerade in Australien und Neuseeland musste ich häufig ausweichen. Alternativen sind:

- **Bibliotheken:** Bibliotheken gibt es selbst in vielen kleinen Orten, der Zutritt steht jedem frei, und häufig gibt es dort kostenloses WLAN. Teilweise darf es nur in einem abgetrennten Bereich genutzt werden. So kam ich manches Mal in einen kleinen Raum, in dem sich schon 20 Backpacker mit ihren Laptops tummelten.
- **Visitor Center:** In einigen Ländern sind Touristeninformationen weit verbreitet, zum Beispiel in Australien. Auch dort kann man oft das WLAN kostenlos verwenden.
- **Einkaufszentren:** In größeren Shopping Malls gibt es oft einen Internetzugang. Nicht selten muss man sich erst registrieren und die Nutzungsdauer ist begrenzt – aber immerhin.
- **McDonald's:** Wenn es sonst nicht viele Gründe gibt, McDonald's zu besuchen, dann könnte immerhin das WLAN einer sein. In vielen Ländern gibt es dort einen kostenlosen, wenn auch begrenzten, Internetzugang.

4. Internetcafés

Hast du kein internetfähiges Gerät dabei, kannst du in ein Internetcafé gehen – wobei es immer weniger davon gibt. Auf lange Sicht sind sie vom Aussterben bedroht. Dort kannst du auch Dokumente ausdrucken lassen.

5. Mobiles Internet

Wenn es mit dem WLAN nicht gut aussieht oder man nicht ständig nach einem Internetzugang suchen möchte, gibt es das mobile Internet als Alternative. Dazu kaufe ich mir die bereits erwähnte SIM-Karte und buche ein mobiles Datenvolumen dazu. Die Karte stecke ich in mein Smartphone und nutze die

Tethering-Funktion. Damit wird ein WLAN-Netz generiert, über das ich auch mit meinem Laptop surfen kann. Dafür muss dein Smartphone lediglich SIM-Lock-frei sein. Alternativ kannst du die SIM-Karte in ein mobiles Modem oder einen passenden USB-Surfstick stecken. Solche SIM-Karten kannst du oft schon am Flughafen kaufen. Dort sind viele Mobilfunkanbieter mit ihren Shops vertreten. Häufig findest du ihre Läden auch in Einkaufszentren. In manchen Ländern gibt es SIM-Karten mit Datentarifen sogar im Kiosk um die Ecke. Für gewöhnlich helfen dir die Mitarbeiter mit der Aktivierung der Karte, sodass du nichts weiter tun musst.

Die Qualität des mobilen Internets ist in sehr vielen Ländern erstaunlich gut. Auch wenn ich in Australien mit dem WLAN unzufrieden war, so ist die mobile Abdeckung doch hervorragend gewesen. In Südafrika war das mobile Netz ebenfalls zuverlässiger als das WLAN in den Unterkünften. Auch in abgelegenen Regionen hatte ich oft eine schnelle Verbindung.

Tipp: Aktuelle Prepaid-Tarife aller Reiseländer findest du im Prepaid-Wiki: http://prepaid-data-sim-card.wikia.com

Das sind meiner Erfahrung nach die gängigen Methoden, um unterwegs ins Internet zu kommen. In einigen Ländern funktioniert es besser, in anderen ist es schwieriger. Doch es kommt wirklich selten vor, dass ich mal mehr als zwei Tage offline bin. Fast die ganze Welt ist mittlerweile darauf eingestellt, dass Reisende ins Internet wollen.

Jetzt liegt die Verantwortung bei dir, dem Internet für ein paar Tage zu entsagen. Wenn du auf Reisen nicht gerade arbeitest, kannst du diese Gelegenheit nutzen, nicht ständig auf dem neuesten Stand zu sein. Ich finde es befreiend, hin und wieder nicht meine E-Mails abzurufen, bei Facebook zu surfen oder Nachrichten zu lesen.

So überwindest du die Sprachbarriere

Englisch ist der kleinste gemeinsame Nenner aller internationalen Backpacker. Dein Englisch muss aber nicht perfekt sein. Was du in der Schule gelernt hast, reicht völlig aus. Doch je besser es ist, desto leichter wirst du andere Reisende kennenlernen. Sollte dir das aufgrund der Sprache trotzdem schwerfallen, kann ich dir versichern, dass du weltweit ausreichend Deutsche, Österreicher und Schweizer treffen wirst.

Außerhalb der englischsprachigen Länder sprechen Einheimische in der Regel kein Englisch – es sei denn, sie arbeiten in der Tourismusindustrie. In Südostasien kannst du dich im Restaurant, im Hotel, mit dem Taxifahrer oder während einer Tour gut verständigen. Die Aussprache der Thais ist oft nicht gut, sie reicht jedoch aus, um dich mit ihnen zu unterhalten.

In Lateinamerika, Zentralasien oder Russland ist es mit Englisch allerdings schon schwieriger. Dort kannst du dich nur in Touristenhochburgen auf Englisch unterhalten. Trotzdem kommst du immer irgendwie durch. Ich war selbst mehrmals ohne Spanischkenntnisse in Lateinamerika. Schöner ist es aber, wenn du dich besser verständigen kannst. Ein bisschen Spanisch zu lernen kann sich lohnen. Sie ist eine der wichtigen Weltsprachen. Von ihr zehrst du dein ganzes Leben. Falls du länger unterwegs bist, kannst du die Sprache sogar vor Ort lernen. In Lateinamerika gibt es viele Sprachschulen, die viel günstiger sind als hierzulande. In Guatemala habe ich 4 Euro pro Privatstunde bezahlt.

Es lohnt sich vor jeder Reise, ein paar Vokabeln der Landessprache zu lernen. Schon mit wenigen Wörtern wirst du die Kultur und die Menschen besser verstehen. Du wirst dich automatisch etwas sicherer fühlen und seltener abgezockt. Nicht zuletzt signalisieren ein paar Vokabeln gegenüber den Einheimischen ein großes Interesse an ihrer Kultur. Das weiß jeder zu schätzen.

Weitere Ratschläge zum Thema Sprache:

- Versuche gar nicht erst, einen Einheimischen mit Deutsch zu belegen. Das ist nur peinlich und führt zu nichts.
- Hab keine Angst davor, Fehler zu machen. Dein Englisch ist nicht perfekt. Na und? So geht es den meisten Backpackern.
- Wenn du nicht weiterkommst, ziehe andere Reisende hinzu. Vielleicht können sie aushelfen.
- Schreibe dir die wichtigen Vokabeln vor deiner Reise auf ein Blatt Papier oder drucke sie aus. Den Zettel kannst du im Ernstfall immer wieder hervorziehen.
- Steck dir die Visitenkarte deiner Unterkunft ein oder schreibe die Kontaktdaten auf. Vor allem in Ländern mit anderen Schriftzeichen. Das kannst du jedem Taxifahrer zeigen.
- In Ländern mit fremden Schriftzeichen werden Straßenschilder oft zusätzlich mit unseren lateinischen Buchstaben ausgezeichnet. Die Übersetzungen sind jedoch nicht immer einheitlich. So kommt es häufig vor, dass ein Straßenname im Reiseführer leicht von dem Namen auf dem Straßenschild abweicht.
- Speisekarten sind in touristischen Gebieten meist in Englisch. Wenn nicht, sind häufig Fotos abgebildet, auf die du zeigen kannst.
- Du kommst immer irgendwie durch. Selbst wenn niemand Englisch spricht, es geht immer weiter.

- Es gibt Apps, mit denen du spielerisch einige Vokabeln lernen kannst. Empfehlenswert finde ich Duolingo und Babbel.

Sightseeing mit Touren

Überall auf der Welt gibt es ein großes Angebot an Touren, um dir die Sehenswürdigkeiten eines Landes näherzubringen. Oft sind es kurze Touren, die nur wenige Stunden dauern. Andere Touren dauern mehrere Tage.

Es gibt Backpacker, die auf Touren schwören, und es gibt Leute, die mögen Touren überhaupt nicht. Probiere es aus und entscheide selbst. Für den Einstieg finde ich Touren sehr gut. Manchmal lassen sie sich ohnehin nicht umgehen, da du nicht alles selbst organisieren kannst.

Was für eine Tour spricht

- Du musst dich um nichts kümmern und wirst sogar vom Hostel abgeholt.
- Du kennst den Tagesablauf und kannst dich auf ihn einstellen.
- Du erreichst Orte, die man allein nur schwer oder gar nicht erreicht.
- Die Anreise zur Sehenswürdigkeit geht meist schneller, wenn du sie nicht selbst organisieren musst.
- Du bekommst viel erklärt und lernst mehr.
- Mit der Unterstützung eines erfahrenen Reiseführers siehst du mehr (z. B. Tiere, die du allein nicht entdeckt hättest).
- Du lernst andere Leute in der Reisegruppe kennen.
- Touren sind manchmal billiger, da du einen Gruppenpreis zahlst.

Was für „Do it yourself" spricht

- Du kannst genau das sehen, was du sehen willst.
- Du siehst alles mit anderen Augen.
- Du musst nicht das Gerede des Reiseführers anhören.
- Du kannst in deiner eigenen Geschwindigkeit reisen.
- Es gibt keine Reisegruppe mit nervigen Menschen.
- Die eigene Anreise ist manchmal billiger.

Letztendlich entscheidest du selbst. Eine Tour ist oft die bequemere Variante. Wenn du in einem neuen Land noch unsicher bist, mach eine Tour. Später wirst du sicher mutiger werden und viel selbst organisieren. Oft gehört nicht viel mehr dazu, als sich eine Straßenkarte zu besorgen und ein Fahrrad zu mieten oder in einen lokalen Bus zu steigen.

So buchst du eine Tour

Touren kannst du in den meisten Unterkünften buchen. Selbst wenn das nicht klappt, liegen sehr wahrscheinlich Flyer aus, auf denen beliebte Touren beworben werden. Alternativ gehst du zur örtlichen Touristeninformation oder in das nächste Reisebüro. In vielen Backpacker-Ländern sind das nur kleine Straßenstände, an denen fast alle Touren verkauft werden, die es in der Region gibt. Du bezahlst die Tour, erhältst eine Quittung und am nächsten Tag holt dich jemand von deiner Unterkunft ab. Für viele Touren brauchst du keine große Vorlaufzeit, sondern buchst einfach einen Tag vorher oder sogar am gleichen Tag. Je beliebter ein Ausflug ist, desto flexibler sind die Anbieter.

Einige wenige Sehenswürdigkeiten sind jedoch limitiert und müssen lange vorher gebucht werden, z. B. Zugtickets für Machu Picchu in Peru oder Schlafplätze für die beliebte Wanderung auf dem Milford Track in Neuseeland. Daher solltest du dich vor deiner Reise grob darüber informieren, welche Sehenswürdigkeiten es in einem Land gibt und ob du dafür rechtzeitig Reservierungen vornehmen solltest. Solche Einschränkungen sind jedoch selten.

Höre dich bei anderen Reisenden, in Blogs oder Reiseführern nach Erfahrungen um, bevor du eine mehrtägige Tour buchst. Wenn für ein paar Stunden etwas nicht optimal läuft, ist das zu verschmerzen. Nimmst du jedoch an einem mehrtägigen Ausflug teil und erwischst einen schlechten Veranstalter, ist das sehr ärgerlich.

Für Städtereisen kannst du viele Touren auch vorab im Internet buchen. Das ist vor allem dann sinnvoll, wenn du wenig Zeit hast. Ein großer Anbieter ist GetYourGuide.de.

So lernst du Menschen kennen

Ich bin introvertiert. Das bringt unter anderem zwei Dinge mit sich: Ich verbringe gern Zeit allein, und es fällt mir schwerer, Kontakt zu anderen Menschen aufzubauen. Wenn *ich* dir also erzähle, dass du unterwegs ohne Probleme Menschen kennenlernen wirst, kannst du das beruhigt glauben. Die Wahrscheinlichkeit ist sogar groß, dass es dir noch besser gelingen wird als mir. Hier sind meine Tipps:

1. Verstehe, dass jeder reden will
Beim Reisen ist (fast) jeder aufgeschlossen und bereit, Menschen kennenzulernen. Ich habe bisher nur sehr selten erlebt, dass jemand keine Lust auf ein Gespräch hatte. Vor allem Solo-Backpacker sind dankbar, andere Reisende kennenzulernen. Aber auch viele Pärchen wollen gern einmal

aus ihrer Zweisamkeit ausbrechen. Unterwegs ist das schon fast ein Naturgesetz.

2. Scheue dich nicht vor Small Talk

Small Talk gehört nicht zu meinen Stärken, und Spaß macht es mir auch nicht. Aber er gehört dazu! Ein Gespräch mit Fremden beginnt man eben nicht über die großen Herausforderungen in der Weltpolitik. Frage zum Einstieg, woher jemand kommt, wie ihm die Tour gefällt, oder mache eine interessante Bemerkung zum Wetter. So beginnen Gespräche.

3. Verpasse nicht den richtigen Moment

Wenn du auf neue Leute triffst, sprich sie sofort an. Sobald du dein Zimmer im Hostel beziehst, stell dich gleich deinen Mitbewohnern vor. Wenn du an einer Tour teilnimmst, such dir sofort ein oder zwei Leute heraus, die du sympathisch findest. Je länger du wartest, desto schwieriger wird es, den ersten Schritt zu machen. Irgendwann ist es einfach zu spät.

4. Arbeite an deinem Englisch

Sprich Englisch! Auch wenn es am Anfang holpert, schäme dich nicht. Vielen anderen geht es ähnlich.

5. Setze ein freundliches Gesicht auf

Du musst nicht die ganze Arbeit selbst machen. Du wirst auch von anderen angesprochen. Die Wahrscheinlichkeit steigt deutlich, wenn du eine freundliche Miene aufsetzt und aufgeschlossen wirkst. Es hilft!

6. Übernachte in Hostel-Schlafsälen

Wann immer ich in Schlafsälen unterkomme, steigt die Wahrscheinlichkeit deutlich, dass sich längere Gespräche ergeben. Wähle am besten kleine Schlafsäle, die sind weniger anonym.

7. Halte dich in Gemeinschaftsbereichen auf
In Hostels und Gästehäusern solltest du Gemeinschaftsräume aufsuchen. Wenn einige Leute in der Lobby abhängen oder in der Küche kochen, sind das die Orte, an denen du auch sein musst. In deinem Einzelzimmer wird dir niemand begegnen.

8. Verstecke dich nicht hinter deinem Handy
Wenn du dich zwar in Gemeinschaftsräumen aufhältst, dich aber hinter deinem Handy versteckst, schmälert das die Chance, angesprochen zu werden. Leg es beiseite und demonstriere Offenheit, wenn du Kontakt suchst.

9. Nimm an Touren teil
Touren sind nach meiner Erfahrung die allerbeste Möglichkeit, andere Backpacker kennenzulernen. Wenn alles andere nicht klappt, buche eine Tour. Am besten sind kleine Gruppen mit vier bis sechs Teilnehmern. Der große Vorteil ist, dass euch alle ein gemeinsames Interesse verbindet, denn ihr habt die gleiche Tour gebucht. Achte jedoch darauf, dass die Gruppen nicht zu groß sind und dass die Zielgruppe zu dir passt.

10. Nutze öffentliche Verkehrsmittel
In den meisten Backpacker-Ländern gibt es ein wirklich gutes Busnetz. In Südostasien oder Südamerika ist das die meistgenutzte Art der Fortbewegung. Natürlich triffst du auf diesen Fahrten auch andere Reisende, die direkt neben, vor oder hinter dir sitzen. Lass dir diese Gelegenheit zur Kontaktaufnahme nicht entgehen.

11. Nutze AirBnB und Couchsurfing
Such dir einen privaten Gastgeber, anstatt in ein Hostel zu gehen. Mit Couchsurfing findest du kostenlose Schlafgelegenheiten. Bei AirBnB zahlst du dafür, erhältst dann aber auch sicher ein eigenes Zimmer mit mehr Privatsphäre. In

beiden Fällen lernst du Einheimische kennen, die dir viel über Land und Leute erzählen können.

12. Schließe dich anderen Reisenden an

Es ist keine Seltenheit, dass sich Solo-Reisende für einige Tage oder Wochen zusammentun und ein Land gemeinsam erkunden. Vor allem in teuren Ländern kannst du so viel Geld sparen. Nebenbei lernst du deine Reisepartner besser kennen.

Was wird aus Reisebekanntschaften?

Du solltest keine allzu hohen Erwartungen an flüchtige Reisebekanntschaften stellen. Dass aus ihnen enge Freundschaften entstehen, ist eher die Ausnahme als die Regel. Es kann funktionieren, hängt aber sehr von deinen Ansprüchen an eine Freundschaft ab. Die meisten Bekanntschaften verlieren sich schnell wieder aus den Augen oder halten nur sehr losen Kontakt über Facebook. Ich persönlich brauche lange, um mich Menschen verbunden zu fühlen. Auf Reisen genügt die Zeit dafür nicht. Doch das ist bei jedem anders.

Egal, ob Bekanntschaften halten oder nicht: Mittlerweile sollte dir klar sein, dass du unterwegs zwar allein sein kannst, doch keineswegs allein sein *musst*. Auf Reisen wirst du mehr Leute kennenlernen, als wenn du zu Hause in deinem gewohnten Umfeld lebst. Die gemeinsamen Erlebnisse und die Entfernung zur Heimat verbinden dich ganz von selbst mit anderen Reisenden.

Tipps für ruhige Backpacker

Als introvertierter Mensch habe ich auf Reisen gewisse Vorlieben, die vom Wunsch der Masse abweichen. Daher schaffe ich mir bewusst Situationen, in denen ich mich wohl fühle. Das ist überhaupt kein Problem. Ich sehe keinen Grund, warum nicht auch stille Menschen reisen sollen. Bleibst du zu Hause, verpasst du zu viel und bereust später all die Dinge, die du heute nicht tust.

1. Es ist okay, allein zu reisen
Das hatten wir schon am Anfang des Buchs, aber für Introvertierte ist es besonders relevant, da wir viel Zeit allein brauchen. Du *musst* nicht allein verreisen, aber wenn du das willst, ist es völlig in Ordnung. Lass dir nichts anderes einreden.

2. Investiere in ein Einzelzimmer
Backpacker achten sehr auf ihr Budget, und Übernachtungen sind ein großer Kostenfaktor. Daher schlafen sie oft in Mehrbettzimmern. Ich versuche, das zu vermeiden. In Mexiko wurde ich dafür schon schief angeschaut:»Du musst ja Geld haben.« Unabhängig vom Budget ist ein Einzelzimmer für mich eine lohnenswerte Investition in mein Wohlbefinden.

3. Wenn es doch ein Schlafsaal sein muss
In manchen Ländern sind mir Einzelzimmer auf Dauer zu teuer. Daher bin ich in Australien und Neuseeland auf Mehrbettzimmer ausgewichen. Wenn das sein muss, dann such dir ein kleines Zimmer mit nur vier oder höchstens sechs Betten. Sobald du auf deine Mitbewohner triffst, stell dich ihnen sofort vor. Es ist einfach schöner zu wissen, wer im gleichen Zimmer schläft.

4. Scheue dich nicht, allein zu essen

Vielen Menschen ist es unangenehm, allein essen zu gehen. Ohne Begleitung meide ich immer noch manch ein Restaurant. Dabei ist das Blödsinn. Dahinter steckt nur die Sorge, was andere von uns denken. Vermutlich denken sie gar nichts, denn sie sind mit sich selbst beschäftigt. Nimm ein Buch mit, so kannst du dich beschäftigen, während du aufs Essen wartest.

5. Vermeide lange Gruppenausflüge

Ich meide Situationen, in denen ich mehrere Tage an eine Gruppe gebunden bin. Es kann gut gehen, aber vermutlich wird es anstrengend. Daher nehme ich nur an kurzen Touren teil, die nicht länger als einen Tag dauern. Auch Couchsurfing mache ich nicht, da ich mich sonst verpflichtet fühle, Zeit mit meinem Gastgeber zu verbringen – auch wenn ich gar keine Lust habe. Bei AirBnB spüre ich diese Verpflichtung weniger, weil ich für die Unterkunft bezahle.

6. Lass dich nicht vereinnahmen

Es gibt Menschen, die sich gern an andere dranhängen und kein Gespür dafür haben, wenn sie es übertreiben. Es ist nicht leicht, sie loszuwerden, aber der beste Weg ist eine direkte Ansage. Weise sie darauf hin, dass du gern Zeit für dich hättest und am liebsten allein reist. Das mag nicht angenehm sein, aber es ist besser, als dir die Energie rauben zu lassen, wenn du jemanden nicht wirklich magst.

7. Befreie dich von Erwartungshaltungen

Die Erwartungen anderer sind die Erwartungen anderer. Meine Vorstellung einer perfekten Reise hat nichts mit den Vorstellungen von Extrovertierten zu tun. Trotzdem neige ich zu einem schlechten Gewissen, wenn ich nicht den Spaß habe, den andere haben. Dabei ist die Lösung ganz einfach: Ich mache mir meinen eigenen Spaß, und zwar so, wie ich ihn mag.

8. Zieh dich auch mal zurück

Wenn es unterwegs zu viel Interaktion gibt, zieh dich ruhig zurück, z. B. in dein Einzelzimmer. Falls das gerade nicht geht, kannst du dich hinter einem Buch verstecken oder Kopfhörer aufsetzen. Ein deutliches Signal, dass du dich gerade nicht unterhalten möchtest.

9. Vermeide Party-Locations

Jeder Ort und jedes Hostel hat eine Reputation und zieht entsprechende Gäste an. Ist ein Hostel für seine Partys bekannt, dann musst du auch genau damit rechnen. Teilweise trifft das auf ganze Orte zu. Diese solltest du meiden und dir stattdessen etwas suchen, das dir besser liegt. Dort findest du auch die Menschen, die besser zu dir passen.

10. Sag auch mal Nein

»Do you want to get drunk tonight?« ist eine Frage, die du unterwegs hin und wieder hören wirst. Einige Leute beantworten sie täglich mit Ja. Ich beantworte sie in der Regel mit Nein, und das ist auch in Ordnung. Wann immer ich Ja gesagt habe, um jemandem zu gefallen, habe ich es später bereut.

11. Beobachten ist auch schön

Du musst deine Reisen nicht mit Erlebnissen vollpacken. Versuche es gar nicht erst. Weniger zu sehen kann bedeuten mehr zu erleben. Es ist auch schön, einfach nur im Park oder Café zu sitzen, Menschen zu beobachten oder ein Buch zu lesen. Ja, lesen kannst du auch zu Hause, aber machst du es wirklich? Ich lese mehr, wenn ich unterwegs bin. Es ist für mich ein Teil meiner Reisen geworden, und damit bin ich sehr zufrieden.

12. Höre auf dich selbst
Du musst nicht jedes Klischee von Introvertierten erfüllen.
Wenn dir danach ist, dich unters Volk zu mischen, dann mach
das. Halte dich im Gemeinschaftsbereich deiner Unterkunft auf
oder geh allein in eine Bar. Dort ergibt sich etwas.

13. Tour Guides sind auch Einheimische
Extrovertierte sprechen oft Einheimische in jeder Lebenslage
an. Manchmal wohnen sie sogar eine Zeit lang bei ihnen, z. B.
im Rahmen eines Sprachkurses. Das reizt mich nicht.
Trotzdem ist es schön, etwas über das Leben vor Ort zu
erfahren. Der einfachste Kontakt ist der zu den Tour Guides.
Das reicht mir oft schon aus. Auch einheimische Sprachlehrer
sind naturgemäß gute Gesprächspartner.

14. Werde persönlich
Je länger ich reise, desto weniger mag ich den damit
verbundenen Small Talk. Ich nutze ihn weiterhin zum Einstieg,
aber es ist langweilig. Es interessiert mich nicht ernsthaft, wie
lange jemand unterwegs ist, wo er schon war und wo er
demnächst hinwill. Wenn ich bei jemandem ein gutes Gefühl
habe, versuche ich, schneller persönlich zu werden. Dann
stelle ich entsprechende Fragen, um herauszufinden, ob
wirklich eine gemeinsame Grundlage besteht.

15. Herausforderungen sind Chancen
Die meisten dieser Tipps sollen es dir etwas bequemer
machen, damit du deine Reise genießen kannst. Reise nach
deinem eigenen Stil! Dazu gehört, dass du nach deinen
Vorlieben handelst. Aber mach es dir nicht zu bequem! Zu
einer erfüllten Reise gehört auch, die Komfortzone hin und
wieder zu verlassen und etwas Neues kennenzulernen. Mach
etwas, das dich herausfordert. Du wirst sonst viel verpassen.

Reisen zu zweit

Ich bin bisher selten zu zweit gereist. Es kam vor, aber es ist ungewöhnlich für mich. Dennoch sollte in diesem Buch ein Abschnitt über gemeinsames Reisen nicht fehlen. Daher habe ich eine Freundin gebeten, ihre Tipps beizusteuern. Sie heißt Jasmin Schindler, schreibt selbst einen Blog unter www.packlisten.org, und reist meistens zu zweit. Ich übergebe an Jasmin:

»Im Gegensatz zu Patrick bin ich noch nie allein weit gereist. Es hat sich immer ergeben, dass ich mindestens zu zweit auf Reisen ging – meist mit meinem Partner oder mit einer Gruppe von Freunden. Ich war als Backpacker mit einem Zelt auf Mallorca unterwegs, bereiste Mexiko im Anschluss an mein Auslandssemester und verbrachte insgesamt zwei Monate in Thailand. Es darf aber auch mal weniger abenteuerlich sein – z. B. bei einem Urlaub auf den Kanaren oder auf Mauritius.

Die Vorteile des gemeinsamen Reisens

Zusammen zu verreisen hat viele Vorteile. Am wichtigsten finde ich, meine Erinnerungen mit jemandem teilen zu können. Eine Freundin von mir bezeichnet es als den größten Nachteil ihrer Solo-Weltreise, dass nur sie allein Erinnerungen an dieses tolle Erlebnis hat. Ein paar Jahre später landeten wir für ein Auslandssemester zufällig an der gleichen Universität in Mexiko. Diese Erfahrung schweißte uns zusammen. Wir flogen gemeinsam nach Mexiko, suchten jeweils ein WG-Zimmer und absolvierten unsere Tests für die Uni zusammen. Niemand wird meine Erzählungen von damals so nachvollziehen können wie sie. Das schafft eine

Verbundenheit für die Ewigkeit, selbst wenn wir uns heute manchmal monatelang nicht sehen.

Gemeinsame Reisen haben weitere – teils banale – Vorteile: Du kannst dich mit deiner Begleitung gegenseitig fotografieren, ihr könnt euch unterhalten und so manchen Moment der Langeweile überbrücken. Außerdem fühlt sich zu zweit alles etwas sicherer an. Als ziemlich ängstliche Person und blonde Frau wäre ich ungern alleine durch die abgelegenen Gebiete Mexikos gereist. Ich hätte bestimmt auch keinen Bungeesprung gewagt oder in Oaxaca auf dem Marktplatz getanzt.

Die Nachteile des gemeinsamen Reisens

Es lässt sich trotzdem nicht leugnen, dass es auch Nachteile hat, zu zweit unterwegs zu sein. Der wichtigste Aspekt sind die unterschiedlichen Interessen und Vorlieben. Menschen sind nun einmal verschieden und haben deshalb andere Erwartungen an eine Reise:

• Einer will entspannt ein Buch lesen, der andere möchte möglichst viel erleben.
• Der eine mag Museen, der andere will auf Elefanten reiten.
• Einer will mindestens ein 4-Sterne-Hotel, der andere möchte an den Unterkünften sparen.
• Der eine möchte alle drei Tage weiterreisen, der andere würde lieber länger bleiben.
• Einer fotografiert ausnahmslos alles, der andere würde lieber den Moment genießen.

Nicht nur aufgrund dieser unterschiedlichen Präferenzen streiten sich viele Paare im Urlaub. Eine Reise zu zweit ist in vielerlei Hinsicht ein Ausnahmezustand: Im Alltag verbringen Paare selten so viel Zeit zusammen. Da kann man sich im

Urlaub schon mal anöden. Außerdem ist Reisen anstrengend und herausfordernd. Es ist heiß, vielleicht grummelt der Magen und gerade eben hat euch der Taxifahrer abgezockt. Da kann es euch schon mal an die Grenzen bringen, wenn ihr einen Bus verpasst, keinen Geldautomaten findet oder euch nicht auf ein Restaurant einigen könnt. Auf der anderen Seite tragt ihr die Last auf vier Schultern, könnt die Hürden zusammen nehmen und als Paar an ihnen wachsen.

Tipps – vor der Reise

Damit du für eine Reise zu zweit etwas besser vorbereitet bist, habe ich ein paar Tipps gesammelt. Ich beziehe mich dabei vorrangig auf Paare, obwohl die Ratschläge auch auf Freunde oder Gruppenreisen anwendbar sind. Meiner Erfahrung nach hilft es, sich vor der Reise einige Dinge bewusst zu machen und zu besprechen. Je besser ihr vorbereitet seid, desto weniger Überraschungen wird es geben.

Erwartungen abgleichen

Je genauer ihr vor der Reise eure Wünsche abgleicht, desto unwahrscheinlicher sind „Aber-ich-dachte-du-wolltest-auch"-Momente. Alles klappt besser, wenn ihr ein Team seid. Besprecht deshalb vor der Reise eure jeweiligen Erwartungen: Wer erhofft sich was von der Reise? Wollt ihr (beide) andere Backpacker kennenlernen und auf Partys gehen oder sucht ihr Ruhe und Abgeschiedenheit? Möchtet ihr das Ursprüngliche erkunden und auf abgelegenen Pfaden reisen oder lieber das Pflichtprogramm abhaken? Wollt ihr alles vorausplanen oder erst vor Ort entscheiden? Seid ihr gleich spontan, sportlich, risikofreudig?

Je besser ihr euch kennt, desto eher wisst ihr die Antworten auf diese Fragen. Doch selbst wenn ihr schon lange ein Paar seid, sind die Erwartungen nicht immer klar, ausgesprochen oder deckungsgleich! Viele Dinge müssen daher trotzdem ausgesprochen werden, um sicherzugehen. Bevor mein Freund und ich die erste Backpacking-Reise antraten, sprachen wir vorher über unsere Vorstellungen. Er hatte bis dahin nur Pauschalreisen unternommen, während ich schon ein paar Mal mit dem Rucksack unterwegs gewesen war. Wir mussten daher ausloten, ob wir mit dem gleichen Reisestil beide zufrieden sein würden. Mittlerweile wissen wir, dass wir beide die Abgeschiedenheit auf Routen abseits der Touristenströme mögen. Wir kommen mit einfachen Unterkünften aus, wollen aber kein Bad mit anderen teilen. Wir suchen Entspannung, möchten aber auch etwas erleben, denn davon bleibt uns mehr in Erinnerung. Sportlich sind wir beide, weshalb uns mehrtägige Trekkingtouren und viele Wege zu Fuß nichts ausmachen. Wir sind beide nicht sonderlich spontan, planen daher den Großteil der Route im Voraus und haben schon vor der Reise fast alle Unterkünfte gebucht.

Budget festlegen
Wie viel Geld habt ihr für die Reise zur Verfügung? Was bedeutet Low-Budget für euch? Vielleicht gehen eure Vorstellungen darüber weiter auseinander, als ihr denkt. Sprecht über eure Präferenzen, wofür ihr euer Budget investieren wollt: für die Unterkunft oder lieber für Erlebnisse? Denkt an *alle* Kosten, wenn ihr eure Budgetvorstellungen klärt. Lasst euch aber auch genügend Puffer für spontane Erlebnisse. Mein Freund und ich suchen z. B. eher preiswerte Unterkünfte, um mehr Geld für Touren, Massagen und andere Erlebnisse zu haben. Dinge, die uns wirklich wichtig sind.

Recherche aufteilen
Wohin wollt ihr reisen? Wo könnt ihr übernachten? Was könnt ihr vor Ort machen? Bei einer mehrwöchigen Reise können die Recherche, Planung und Buchung viele Stunden dauern. Wenn

sich einer um alles kümmert, artet das schnell in Stress aus. Vor Ort ist dann erfahrungsgemäß einer der „Reiseleiter", während der andere sich zurücklehnt. Das geht ein paar Tage gut, aber selten länger. Die Recherche aufzuteilen spart nicht nur Zeit. Ihr seid auch beide motivierter, für die jeweilige Region gut informiert zu sein. Schließlich wollt ihr den jeweils anderen nicht enttäuschen.

Am besten besprecht ihr vor der Recherche eure Erwartungen und Budgetvorstellungen. Gebt euch dann ein paar Tage oder Wochen Zeit, um zu recherchieren. Anhand der jeweils getroffenen Vorauswahl könnt ihr euch dann gemeinsam entscheiden. Vor einer Thailandreise kümmerte ich mich beispielsweise um eine Unterkunft in Chiang Mai, die Inlandsflüge, Koh Jum und Koh Phayam. Mein Freund buchte die Langstreckenflüge sowie die Unterkünfte in Ranong und Krabi. So waren Verantwortung und Aufwand gerecht verteilt.

Kompromisse machen
Stellt euch von vornherein darauf ein, dass nichts ohne Kompromisse geht. Wenn ihr genug Zeit habt, könnt ihr jedem von euch etwas Gutes tun: ein paar Tage Action, aber auch ein paar Tage Strand. Ein paar einfache Unterkünfte, aber auch ein bisschen Luxus. Mein Freund und ich einigten uns bei der Routenplanung für Thailand darauf, dass wir zwar möglichst viele Inseln sehen, aber auch nicht ständig weiterreisen wollten. So fanden wir schließlich eine Route, die uns beiden gerecht wurde.

Komfortzonen abgleichen
Diesen Punkt finde ich wichtig, da ich ihn selbst schon mal vergessen hatte. Bei der Komfortzone geht es darum, was dir angenehm bzw. unangenehm ist. Was ist für dich erholsam, für deine Begleitung aber Stress? Wozu musst du dich überwinden, deine Begleitung aber nicht? Ich habe beispielsweise nichts dagegen ab und zu an die Grenzen

meiner Komfortzone zu stoßen. Auf Mallorca stellten wir jedoch zwei Wochen lang täglich mehr oder weniger illegal unser Zelt irgendwo auf. Das war für mich nicht einfach, denn ich fühlte mich oft unwohl und wartete darauf vertrieben zu werden. Ich fragte mich häufig, wieso ich mich darauf eingelassen hatte. So war diese Reise für mich weniger schön als für meinen entspannteren Reisepartner.

Tipps – während der Reise

Wenn ihr euch vor der Reise gut abstimmt, ist das schon die halbe Miete. Die andere Hälfte könnt ihr dann unterwegs regeln. Hier sind einige Tipps, die ihr während der gemeinsamen Reise beherzigen solltet:

Freiräume zulassen
Ihr solltet euch nicht verpflichtet fühlen, 24 Stunden am Tag miteinander zu verbringen. Ihr müsst nicht *alles* zusammen machen. Wenn eure Vorstellungen mal weit auseinander klaffen, nehmt euch Zeit für euch selbst und macht, worauf ihr Lust habt. Der eine sieht sich eine Ausstellung an, während der andere im Zimmer bleibt und ein Buch liest – warum nicht?

Nach Bedürfnissen reisen
Ich finde es wichtig, dass wir nach unseren jeweiligen Bedürfnissen leben – sowohl zu Hause als auch im Urlaub. Beispielsweise brauche ich immer wieder Ruhephasen, um mich von langen Fußmärschen oder vielen Einflüssen bei einem Stadtrundgang oder einer Tour zu erholen. Außerdem kann ich Hunger nicht lange aushalten. Ich muss schnell etwas essen, um bei Laune zu bleiben. Statt diese Bedürfnisse zu leugnen oder zu unterdrücken, reden wir offen darüber. Wir versuchen schon im Voraus möglichst gut zu planen, um unangenehme Situationen zu vermeiden.

Abwechselnd navigieren

Wechselt euch mit der Navigation vor Ort ab. Es wird erfahrungsgemäß nervig, wenn immer nur einer die Karte hält. Er oder sie muss dann meist auch die Kommandos geben und die Entscheidungen treffen. Wenn ihr euch in dieser Hinsicht nicht gerade perfekt ergänzt, kann das zu Konflikten führen.

Gemeinsam kommunizieren

Einigt euch, wer für euch spricht, nach dem Weg fragt oder mit dem Taxifahrer verhandelt. Dem einen liegt das vielleicht mehr, dem anderen weniger! Falls es euch beiden schwer fällt, solltet ihr euch fair abwechseln, anstatt die Last einseitig zu verteilen.

Als Team auftreten

Wenn ihr zu Hause ein gutes Team seid, dann werdet ihr das unterwegs auch sein. Falls es trotzdem mal zum Streit kommt, erinnere dich daran: In einem Team gesteht man auch mal Fehler ein, nimmt Rücksicht, setzt auf die Stärken jedes Einzelnen und trifft Entscheidungen gemeinsam. Je besser ihr als Team funktioniert, desto besser wird die gemeinsame Reise.

Zu Hause wie beim Reisen kommt es darauf an, viel miteinander zu reden, Erwartungen und Bedürfnisse zu kommunizieren und sich mit weniger beliebten Aufgaben abzuwechseln. Vergesst deshalb folgende Dinge auf eurer Packliste nicht: Geduld, Toleranz, Respekt und Gelassenheit.«

Mehr von Jasmin liest du auf www.packlisten.org.

Reisen auf dem Backpacker-Pfad

Je mehr du reist, desto häufiger wirst du von anderen Backpackern hören, dass sie den Touristenpfad verlassen wollen, um dort zu sein, wo sonst niemand ist. Die Beschreibung „Tourist" kommt mir manchmal wie ein Schimpfwort vor.

Jeder Mensch will sich ein bisschen abgrenzen, individuell reisen und nicht alles so machen wie die anderen. Man will sich von der Masse unterscheiden. Wahrscheinlich auch du. Gleichzeitig orientiert sich jeder an anderen Menschen und will dazugehören. Wir sind hin- und hergerissen zwischen Individualität und Zugehörigkeit.

Die Wahrheit ist, dass fast jeder auf dem Touristenpfad reist. Auch jene Backpacker, die das Gegenteil behaupten. Ich habe Langzeitreisende kennengelernt, die – mit kurzen Unterbrechungen – seit zehn Jahren unterwegs sind. Die haben andere Ansprüche als ein Einsteiger und reden davon, wie sie den Touristenpfad schnellstmöglich verlassen wollen. Und doch machen sie es nicht. Die meiste Zeit reisen sie genau dort, wo auch alle anderen unterwegs sind. Auch ein extrem erfahrener Reisender ist nur ein Mensch, der unter anderen Menschen sein will und das sehen möchte, was alle sehen wollen. Warum auch nicht? Diese ausgetretenen Pfade bestehen nicht ohne Grund. Dort gibt es etwas Schönes zu sehen oder viel zu erleben. Dort steht die schönste Buddha-Statue oder es gibt die weißesten Strände. In den meisten Fällen wird an touristischen Orten sofort klar, warum der Pfad dorthin schon oft gegangen wurde. Zu viele Touristen können natürlich schaden, doch dann werden sich neue Pfade auftun.

Vor allem aber gibt es auf dem Touristenpfad eine gute Infrastruktur, die über viele Jahre entstanden ist. Überall wo Touristen auftauchen, gibt es bald Shops, Restaurants und Unterkünfte sowie gute Busverbindungen. Wer wirklich den

Touristen entkommen möchte, findet das alles nicht vor. In solchen abgelegenen Gegenden gibt es keine Restaurants oder Unterkünfte und die Anfahrt ist beschwerlich. Trotzdem gibt es auch auf den Touristenpfaden Orte, die weniger besucht werden und an denen es ruhiger zugeht. In den meisten Regionen gibt es einige „Hot Spots", die von fast jedem besucht werden. Und dann gibt es abseits dieser Orte auch viele Ziele, die ebenfalls touristisch sind (gute Infrastruktur!), aber nur von einem kleinen Teil der Reisenden aufgesucht werden. In solchen ruhigen Orten halte ich mich gern für ein paar Tage auf. Da bin ich immer noch mit anderen Touristen zusammen, aber genieße die Ruhe und zumindest das Gefühl von etwas mehr Authentizität. Allerdings bin ich anschließend auch froh, wieder in einem „Hot Spot" zu sein, wo es die ganzen westlichen Annehmlichkeiten gibt.

Es gibt nur eine gute Art zu reisen: So, wie du es willst. Du musst nicht immer besonders und anders sein, auch wenn es schwer ist, dich von dieser Erwartung zu befreien. Wenn du anerkennst, dass du genau so reisen solltest, wie du es für richtig hältst, wirst du mehr Freude an deinen Reisen haben. Die Erwartungshaltungen anderer müssen nichts mit deinen Wünschen zu tun haben. Also, reise so, wie du es möchtest. Reise auf ausgetretenen Pfaden. Sei ein Tourist, oder auch nicht. Mach das, was dich glücklich macht.

Wie du deine Reise verewigst

Manche Leser fragen mich, wie sie ebenfalls einen Blog erstellen können. Sie möchten wissen, wie ich *101 Places* damals gestartet habe, wo die Webadresse herkommt und wo sie anfangen sollen. Dabei ist es in den meisten Fällen nicht sinnvoll, von mir auszugehen. Nicht jeder braucht einen professionellen Reiseblog, von dem man leben und dauerhaft um die Welt reisen kann. Falls du deine Reiseberichte dokumentieren willst, würde ich zunächst eine wichtige Entscheidung treffen: Möchtest du einen Reiseblog starten, um eine lange Reise für dich selbst, deine Freunde und Familie zu dokumentieren oder um ein dauerhaftes Hobby oder Business aufzubauen? Daraus ergeben sich verschiedene Optionen. Schauen wir uns erst einmal an, was du machen kannst, um Freunde und Familie auf dem Laufenden zu halten:

Freunde und Familie informieren

Wenn du keinerlei Ambitionen hast, mehr Menschen zu erreichen als dein persönliches Umfeld, kommst du mit kostenlosen Lösungen aus. Du brauchst kein Geld und auch keine technischen Kenntnisse. Es gibt vier Optionen:

1. Auf einer Plattform für Reiseberichte schreiben
Es gibt fertige Websites, auf denen Reisende ihre Berichte ganz unkompliziert veröffentlichen können. Die größte Plattform ist umdiewelt.de. Auf deren Reiseberichte stoße ich beim Googeln nach Reisezielen immer wieder. Kein Wunder, denn schon über 2.000 Autoren haben dort mehr als 70.000 Beiträge geschrieben! Als Reisender kannst du kostenlos Reiseberichte einstellen und Fotos hochladen. Deine Freunde und Familie schickst du einfach auf dein Autorenprofil.

2. Einen Free-Blog erstellen

Möchtest du lieber deine eigene Plattform haben, auf der nur du Reiseberichte veröffentlichst? Dafür gibt es Free-Blogs. Die am häufigsten verwendeten Anbieter sind WordPress.com und Blogger.com. Bei beiden kannst du einen Blog erstellen, ohne dich um Speicherplatz oder eine Domain kümmern zu müssen.

3. E-Mail-Verteiler

Bevor es Blogs gab, haben viele Weltreisende ihre Freunde mit regelmäßigen E-Mails auf dem Laufenden gehalten. Manch einer macht das heute noch so. Das ist die einfachste Variante, da du nichts vorbereiten musst. Allerdings sind die Darstellung und Lesbarkeit in einer E-Mail nicht optimal. Oft sind es Textwüsten, an deren Ende ein paar Fotos anhängen.

4. Facebook-Fotoalben

Manche Reisende legen bei Facebook ein Fotoalbum an und laden regelmäßig Fotos hoch, die sie ausführlich beschreiben. Der Vorteil liegt auf der Hand: Deine Freunde sind wahrscheinlich schon bei Facebook und interessieren sich für deine Reisen und Fotos. Der Nachteil: Du legst deine Erinnerungen in die Hände Facebooks. Falls du dort irgendwann nicht mehr sein möchtest, ist alles weg.

Ein professioneller Blog

Falls du aus dem Schreiben ein Hobby oder einen Beruf machen möchtest, solltest du einen professionellen Blog aufsetzen. Der professionelle Ansatz bedeutet einen höheren Einrichtungsaufwand und monatliche Kosten. Die Grundlagen eines professionellen Blogs sind eine gute Blog-Software, eigener Speicherplatz und eine eigene Webadresse:

1. Die Blog-Software
Jede Website läuft auf einer Software, die man auch als Content Management System bezeichnet. Die mit großem Abstand beliebteste Software ist WordPress. Hier musst du zwei Angebote unterscheiden: Bei WordPress.com gibt es den komplett fertigen Free-Blog (siehe oben). Bei WordPress.org kannst du die Software kostenlos herunterladen und auf deinem Speicherplatz installieren.

2. Der eigene Speicherplatz
Die Software musst du im Internet speichern, und zwar auf deinem eigenen Speicherplatz. Den kannst du anmieten. Ich miete meinen Webspace bei All-Inkl.com. Dort bekommst du für etwa 5 Euro im Monat Webspace und gleich noch drei Webadressen dazu. Sobald dein Speicherplatz freigeschaltet ist, kannst du dort die WordPress-Software hochladen und installieren. Das ist alles ziemlich leicht, aber als Einsteiger musst du dich schon ein bisschen einlesen, wie es genau funktioniert. Das ist der bereits erwähnte Einrichtungsaufwand.

3. Die eigene Webadresse
Zu einem professionellen Blog gehört die eigene Webadresse, wie www.101places.de. Wenn du keine technische Erfahrung hast, solltest du die Domain dort buchen, wo du auch den Webspace mietest, z. B. bei All-Inkl.com. Wenn alles nach Plan läuft, ist dein Blog jetzt funktionsfähig und im Internet zu finden. Mehr braucht es grundsätzlich nicht.

Tipp: Falls du deine Erlebnisse nicht mit anderen teilen möchtest, aber gern in Erinnerungen schwelgst, halte deine Reisen in einem Tagebuch fest. Einige Backpacker machen das seit Jahren und kleben in ihre Bücher auch Bustickets und andere Erinnerungsstücke.

Schlussworte

Wir sind am Ende des Buchs angelangt. Ich habe dir viele Ratschläge gegeben, die auf meinen eigenen Erfahrungen beruhen. Ein Patentrezept sind sie allerdings nicht. Du kannst noch so viele Tipps in Büchern und Blogs lesen. Doch letztendlich musst du eigene Erfahrungen sammeln und herausfinden, wie Backpacking für dich funktioniert.

Verstecke dich nicht hinter deinen Bedenken. Ich hatte vor meiner ersten Reise selbst einige Sorgen und keine Ahnung, wie alles funktioniert. Ein Buch wie dieses hatte ich schon gar nicht. Ich fuhr trotzdem einfach los. Danach habe ich nie wieder zurückgeblickt. Nach meiner ersten Backpacking-Reise verging kein Jahr ohne Rucksackabenteuer.

Am Anfang dieses Buchs habe ich dir versprochen, deine Fragen zu beantworten und dir zu zeigen, dass deine Sorgen unbegründet sind. Mein Ziel war, dich entspannt auf die Reise zu schicken. Wenn ich das geschafft habe, freue ich mich über eine ehrliche Rezension bei amazon. Deine Stimme hilft mir, dieses Buch auch anderen Einsteigern zugänglich zu machen.

Beste Grüße
Patrick

PS: Blättere weiter, es kommt noch etwas.

Ressourcen für Backpacker

Abschließend fasse ich einige Ressourcen zusammen, die dir bei der Reiseplanung nützlich sein werden:

Unterkünfte

- **Tripadvisor:** Die größte Plattform für Kundenbewertungen. Ich nutze sie gelegentlich für Sehenswürdigkeiten, Restaurants und Unterkünfte.
- **Hostelworld:** Hier buche ich weltweit Hostels. Eine Alternative ist **Hostelbookers**.
- **Booking.com:** Die aus meiner Sicht beste Plattform für Hotels und Gästehäuser.
- **Agoda:** In Asien ist Agoda eine gute Alternative für Hotels und Gästehäuser.
- **AirBnB:** Privatleute vermieten hier ein Zimmer oder ganze Apartments.
- **Couchsurfing:** Auch hier kannst du weltweit bei Privatleuten einziehen – sogar kostenlos.
- **Housecarers:** Bleibst du mehrere Wochen an einem Ort, kannst du die Häuser anderer Menschen hüten.
- **Home Exchange:** Eine Alternative zum Haushüten ist der Haus- oder Wohnungstausch mit Menschen, die dort leben, wo du sein willst.

Flüge und Fahrten

- **Skyscanner:** Die für mich beste Flugsuchmaschine. Gute Alternativen sind **Momondo, Swoodoo** und **Matrix Airfare Search**.
- **Check24:** Das Online-Reisebüro, bei dem ich viele meiner Flüge buche.

- **Seatguru:** Zeigt dir für jedes Flugzeugmodell die angenehmsten Sitzplätze.
- **Fairliners:** Hier kannst du die Sitzabstände verschiedener Airlines vergleichen.
- **Seat61:** Zugverbindungen und Tickets – weltweit.
- **GoEuro:** Innerhalb Europas werden Flug-, Bahn- und Busfahrpläne verglichen, sodass du das beste Transportmittel für deine Reise findest.
- **Billiger-Mietwagen.de:** Die aus meiner Sicht beste deutschsprachige Plattform für Mietwagen-Buchungen.
- **RhinoCarHire:** Auch hier kannst du einen Mietwagen buchen. Oft noch günstiger als bei Billiger-Mietwagen.

Reiseblogs

- **101places.de:** Mein eigener Reiseblog.
- **Reisedepeschen.de:** Reisegeschichten diverser Autoren.
- **Bravebird.de:** Reisegeschichten und Ratgeber für Frauen.
- **PinkCompass.de:** Ratgeber für reisende Frauen.
- **Flocutus.de:** Der beste Blog für Low-Budget-Reisen.
- **Faszination-Suedostasien.de:** Ein umfassender Blog für alle Länder Südostasiens.
- **Umdiewelt.de:** Reiseberichte von 2.000+ Reisenden.

Links zu 101 Places

- **Motorroller mieten:** www.101places.de/roller
- **Mietwagen ausleihen:** www.101places.de/mietwagen
- **Round-the-World-Tickets:** www.101places.de/rtw
- **Packliste zum Ausdrucken:** www.101places.de/packen

Finanzen

- **Oanda:** Währungsrechner für aktuelle Wechselkurse.
- **Western Union:** Mit diesem Service kannst du dir unterwegs selbst Bargeld schicken.
- **Deutsche Kreditbank:** Die VISA Card der DKB eignet sich gut für Reisende (auch für Österreicher).
- **Santander Bank:** Die 1plus VISA Card von Santander ist die derzeit beste Kreditkarte für Reisende.

Weitere Ressourcen

- **Wikitravel:** Eine offene Plattform, die von Reisenden mit Informationen befüllt wird.
- **Optimale-Reisezeit.de:** Hier findest du die optimale Reisezeit für jedes Land. Eine Alternative ist **Beste-Reisezeit.org**.
- **LonelyPlanet.de/forum:** Dort kannst du dich mit anderen Backpackern austauschen und Fragen stellen.
- **Auswärtiges Amt:** Das Auswärtige Amt informiert zu Sicherheit, Gesundheit und Einreisebestimmungen.
- **WorldNomads:** Umfassende Reiseversicherung für Krankheit, Diebstahl, Überfälle und Sportunfälle.
- **HanseMerkur:** Die wohl beliebteste Auslandskrankenversicherung für Langzeitreisende.
- **Weltreise-info.de:** Die beste Website zur Planung einer Weltreise.
- **Packlisten.org:** Eine umfassende Ressource zum richtigen Packen für jede Reise.
- **Prepaid-SIM-Card-Wiki:** Die beste Quelle für weltweite Datentarife.

Tools für den Laptop

- **Dropbox** und **Google Drive:** Mit beiden Tools kannst du Daten in der Cloud speichern und online auf sie zugreifen.
- **Evernote:** In dieser Software mache ich mir Notizen für meine Arbeit. Auch Reisepläne schreibe ich hier nieder.
- **Password Safe:** Mit dieser Software speichere und synchronisiere ich meine Passwörter.

Smartphone-Apps

- **City Maps 2 Go:** Straßenkarten für jeden Ort der Welt. Einschließlich Restaurants, Sehenswürdigkeiten und Unterkünfte. Funktioniert vor Ort auch ohne Internet, wenn du die Karten vorher im WLAN herunterlädst. Eine gute Alternative ist **Maps.me**.
- **Skobbler:** Mit dieser App wird das Smartphone zum Navi. Für 10,99 Euro gibt es alle Karten der Welt.
- **Wörterbuch:** Mindestens Englisch-Deutsch, aber auch andere Sprachen sind sehr nützlich.
- **Tripadvisor City Guides:** Kostenlose Reiseführer-App für die Metropolen dieser Welt.
- **Triposo:** Gratis Reiseführer für viele Länder und Städte.
- **ConvertPad:** Damit kannst du Einheiten umrechnen.
- **Booking.com / Hostelworld:** Mit diesen Apps kannst du Unterkünfte direkt auf dem Smartphone buchen.
- **Skyscanner:** Unterwegs schnell einen Flug recherchieren und sogar buchen? Das geht mit der Skyscanner-App.
- **Trail Wallet:** Verwalte deine Reiseausgaben und behalte dein Budget im Blick.
- **Dropbox:** Synchronisiere deine Daten zwischen Computer und Smartphone.

- **Skype:** So bleibst du mit der Heimat in Kontakt. Alternativen für mobile Videotelefonie sind **Viber**, **WhatsApp** und **Facebook Messenger**.
- **Sicher reisen:** Die offizielle App des Auswärtigen Amts mit Reise- und Sicherheitshinweisen.
- **Duolingo** oder **Babbel:** Mit diesen Apps kannst du spielerisch Vokabeln lernen.
- **Feedly:** Hier kannst du Reiseblogs abonnieren.

eBooks für Backpacker

Weißt du schon, wohin du reisen möchtest? Über einige Länder habe ich eBooks geschrieben. Sie verschaffen dir einen ersten Überblick über ein Land. Die eBooks richten sich an Backpacker, die keine Lust haben, stundenlang im Internet zu recherchieren.

Für folgende Länder gibt es ein eBook von mir:

- Indonesien
- Laos
- Malaysia
- Mexiko
- Neuseeland
- Thailand
- Vietnam

Ich schenke dir eines meiner eBooks, wenn du für mein Buch „No Worries" eine ehrliche Rezension bei amazon hinterlässt. Schreib anschließend eine E-Mail an patrick@101places.de, und lass mich wissen, welches eBook du gern hättest.

Danke

Ich danke allen, die mich beim Schreiben dieses Buchs unterstützt haben. Inspiriert wurde ich durch die Leser meines Reiseblogs. Mit ihren Fragen gaben sie mir zu verstehen, dass es Zeit war, dieses Buch zu schreiben.

Insbesondere danke ich Mars Dorian, der das wundervolle Cover für dieses Buch erstellt hat, Annegret Schenkel, die das Buch lektoriert und meine Fehler entdeckt hat, und Jasmin Schindler für ihren Text zum Reisen zu zweit.

Printed in Great Britain
by Amazon